粉丝日破百万的秘诀

微信公众号吸粉方法、技巧与案例

付振乾◎著

人民邮电出版社
北京

图书在版编目（CIP）数据

粉丝日破百万的秘诀 ：微信公众号吸粉方法、技巧与案例 / 付振乾著. -- 北京 ：人民邮电出版社，2016.8
ISBN 978-7-115-43090-8

Ⅰ. ①粉… Ⅱ. ①付… Ⅲ. ①网络营销 Ⅳ. ①F713.36

中国版本图书馆CIP数据核字(2016)第162916号

内 容 提 要

随着移动互联网时代的到来，微信力量的不断壮大，越来越多的机构和个人想通过微信公众平台扩大自己的影响力。可想而知，在这个粉丝经济时代，无论是企业还是个人公众号，谁赢得了粉丝谁就获得了社会红利。

本书是一本全面解读微信公众号“吸粉”“涨粉”方法的书籍，共分为5部分，分别从微信公众号基础知识、公众号的打造、推广和维护以及实战案例分析等5个方面全面阐述了“吸粉”“涨粉”的要点和诀窍，内容包括公众号的定位、名字的起法、内容的设置、编排和管理，以及各种推广技巧和维护方法等。

本书理论与实践相结合，将粉丝经济思想贯穿始末，为广大读者指出了正确的方向，可以说是集方法、技巧、案例于一体，内容通俗易懂，实用价值高，是所有公众号经营者不可错过的好书。

◆ 著　　　　付振乾
　责任编辑　李士振
　责任印制　周昇亮

◆ 人民邮电出版社出版发行　北京市丰台区成寿寺路 11 号
　邮编　100164　　电子邮件　315@ptpress.com.cn
　网址　http://www.ptpress.com.cn
　北京鑫丰华彩印有限公司印刷

◆ 开本：720×960　1/16
　印张：16　　　　2016 年 8 月第 1 版
　字数：328 千字　　2016 年 8 月北京第 1 次印刷

定价：49.80 元

读者服务热线：(010)81055296　印装质量热线：(010)81055316
反盗版热线：(010)81055315
广告经营许可证：京东工商广字第 8052 号

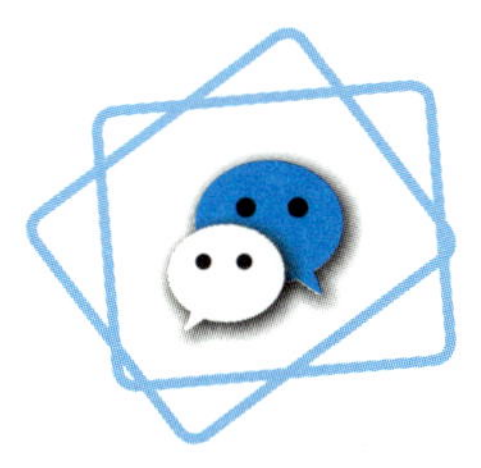

序

preface

人多的地方肯定离不开商业，离不开赚钱与盈利，微信公众号亦是如此。在移动互联网趋势下，70％的手机用户均开通了微信，上至六七十岁的老年人，下至七八岁的小学生，腾讯微信用户数量在与日俱增。而用户即是消费者，人群的数量从某种程度上也决定了财富的数量。微信营销时代的到来让无数人看清了一个事实：虽然错过了淘宝和微博时代，但没有人天天上淘宝，没有人天天刷微博，而实实在在有人天天上微信。只要牢牢抓住微信营销这一渠道，终究会挖得生命中的一桶金。随着微信公众号影响力的不断扩大，各种类似“90后大学生创业，开发公众号月入上百万”的消息席卷了人们的视野。但同时也有人说，微信公众号没有那么简单，操作复杂不说，还要天天找内容、编辑和发送文章。而且这还不够，想要运营好公众号就少不了推广，推广还看不出效果；不但如此，还要想着法儿地跟用户互动，解答他们提出的问题……

不可否认，公众号推广运营的过程中难免会遇到各种各样的问题，但不管做什么事情，想要成功肯定需要一定的付出。假如摆在你面前的是一摞金子，你肯定会不遗余力地将它搬回家藏起来，累

死了也不会叫苦。当然，只靠蛮力是不行的，公众号的推广讲究一定的技巧和方法，有的人看别人挣钱眼红，自己不管三七二十一就开通一个公众号，结果不但没有成功吸引到粉丝，反而浪费了大量人力、物力，这就是典型的定位不明确造成的。想要做好公众号推广，我们首先要做的就是明确定位，包括盈利模式、目标人群、核心产品和营销策略的定位等；接着就要做好内容，好内容是公众号吸粉的基础。然后就是推广工作了，推广的渠道有很多，包括微信自身所带的各种功能和一系列自媒体平台等。不管用哪种方式进行推广，目的就是真正吸引到你的粉丝。需要注意的是，粉丝管理不好也会出现掉粉的现象，所以还要掌握一定的粉丝管理技巧……

公众号运营不是一朝一夕就能吸粉百万，粉丝即便到手也不是马上就能变现的，不仅如此，利用公众号营销时还很容易陷入一些误区。为帮助广大公众号运营者摆脱困境，掌握公众号运营的技巧和方法，我们特意推出了此书。如果你想快速建立一个受粉丝欢迎的公众号，如果你想在短时间内吸引到数万名粉丝，如果你想让粉丝愿意看你的内容、分享你的内容，甚至想让粉丝帮你圈粉……就请你翻开本书。

本书是一本全面解读微信公众号吸粉涨粉方法的书籍，分别从微信公众号基础知识、公众号的打造、推广和维护四个方面全面阐述了吸粉涨粉的要点和诀窍，内容包括公众号的定位，内容的设置、编排和管理，以及各种推广技巧和维护方法等。同时介绍了常见的公众号运营误区以及各行各业微信公众号成功吸粉的技巧和案例。能帮助广大读者真正掌握公众号推广的技巧，避免走进误区和陷阱，同时参考各行业的典型案例，总结经验，找到属于自己的推广方法。可以说本书集方法、技巧、案例于一体，内容通俗易懂，实用价值高，是所有公众号经营者不可错过的好书。

1

Chapter 01

认识微信公众号，走好吸粉第一步

Chapter

02

打造吸睛公众号，轻松俘获粉丝心

2

Chapter 02

打造吸睛公众号，轻松虏获粉丝心

3

Chapter 03

做好引流推广，全面引爆粉丝群

3

Chapter 03 做好引流推广，全面引爆粉丝群

Chapter 04

加大维护力，创造死忠粉丝军

5

Chapter 05 实战各类公众号，吸粉就是这么容易

认识微信公众号，走好吸粉第一步

1.1 做好吸粉准备，了解微信公众号常识

1.1.1 微信公众平台的优势

微信公众平台是以微信为基础而增加的功能平台，无论是个人还是企业，都可以在微信公众平台上申请一个微信公众号，以此来与目标群体进行文字、图片或语音等方面的互动和沟通。

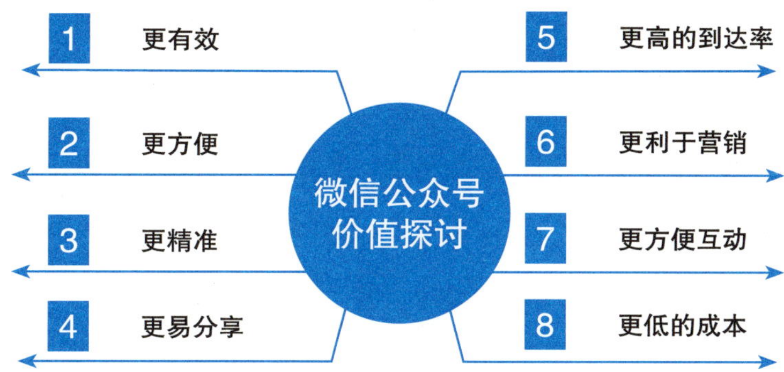

更有效

微信公众平台的用户来源于微信用户，如果用户的朋友和家人开通了微信业务，那么用户就可以通过手机通讯录来添加这些朋友和家人。由此可见，微信属于熟人社交平台，其内部小众传播的信任度和到达率都是其他社交平台无法比拟的。由于微信用户的真实性和高价值性，其传播的有效性特别高，甚至有媒体这样说：“微信 1 万个听众相当于新浪微博的 100 万粉丝。”这句话可能稍微夸张了一点，但也是有一定道理的。

更方便

与 PC 端相比，手机具有便于随身携带的特性，加上微信在社交和地理位置等方面的天然优势，使得移动端商家在营销时非常便利。不仅如此，与

与 PC 端相比，手机随身携带，非常方便

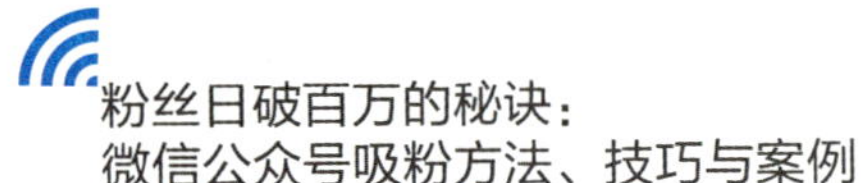

App 相比，微信公众平台无需专门下载和安装，具有很大的便利性。

更精准

微信公众平台可以对用户进行分组，然后利用超级二维码，在二维码中添加投放广告渠道来获取用户群的属性，由此所产生的营销和服务更加个性化和精准。

更易分享

移动互联网技术使得信息的传递变得更加方便，人们的碎片化时间得到了充分利用。而微信则利用其特有的对讲功能，打破了传统的文本传输，使得文字、图片、声音和视频等媒体传播方式得以实现，用户的所见所闻也变得更易分享；除了聊天以外，用户还可以利用朋友圈来转载、转发或者直接@分享给好友。

更高的到达率

微信公众平台可以实现一对多的传播，使得内容和信息的到达率更高，是企业宣传推广的有力武器。由于微信公众平台可以将消息直接推送至手机，其消息的送达率和可观看率将近百分之百。在这种情况下，众多企业和个人可以植入广告进行推广，利用公众号的高认可度和高到达率获得理想的效果。

更利于营销

微信的“摇一摇”、“漂流瓶”和“附近的人”均用到了 LBS 服务，这是一种通过手机定位获取用户地理位置的功能性服务，只要用户分享时选择地理位置，就可以将自己的所在位置展现给好友。而商家一旦获取到地理位置信息，就可以做出基于地理位置的有效推送，将用户吸引到距离最近的线下店铺，从而实现精准营销。

更方便互动

与其他网络媒介相比，微信作为一款社交软件，不仅信息推送及时，而且有利于用户的沟通和互动。微信公众号不仅可以帮助企业向粉丝推送信息，还能提供刮刮卡、大转盘等活动功能，为营销提供了更强的互动性。

更低的成本

过去，客户一旦跨出店铺，想要与之产生联系只能依靠打电话或者发短信，如今，微信公众平台却将客户聚集到了一起，企业可以统一向所有客户推送消息，让客户对产品了解得更加深刻。不仅如此，过去企业需要反复投放媒体广告才能留住客户，但广告的成本很高，而现在利用微信公众平台进行推广，不仅节省了广告预算，还可以与客户保持持续的联系。

1.1.2 微信公众号的分类

微信公众号指的是企业或个人在微信公众平台上所申请的应用账号，这个应用账号是和QQ账号互通的。商家利用微信公众号可以在微信公众平台上与特定的人群进行文字、图片、语音和视频等的互动和沟通。那么微信公众号有哪些类型呢？

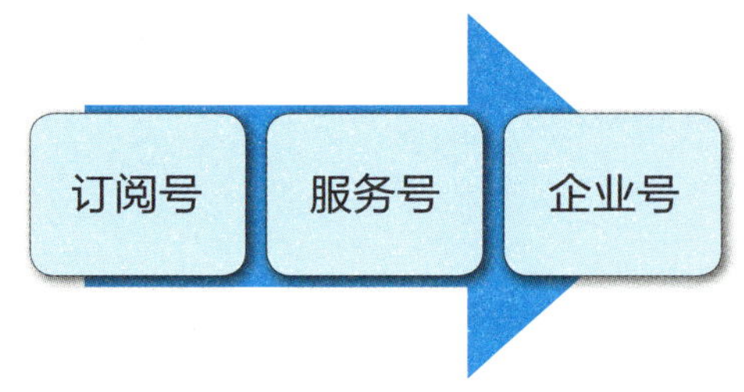

当我们申请微信公众号时就会发现，腾讯给出了三种不同的公众号类型，一旦账号建立成功，所选定的公众号类型就不能再更改了。下面一起来了解一下这三种公众号的功能。

订阅号

订阅号的主要功能是为用户提供信息。

◆无论是企业还是个人都可以申请订阅号，但个人申请不能获得微信认证。

◆订阅号每天可以群发一条消息。

◆所发的消息显示在粉丝的订阅号折叠文件夹中。

◆订阅号被放在粉丝通讯录中的订阅号折叠文件夹中。

◆可以与第三方网站合作开发应用。

服务号

服务号的主要功能是为用户提供服务。

◆只有企业（包括个体工商户）才可以申请服务号。

◆只能在一个自然月内发送4条群消息。

◆所发消息直接出现在粉丝的聊天列表中，不折叠。

◆服务号放在粉丝通讯录中的服务号文件夹里，点开就可以看到所有的服务号。

◆可以申请认证，可以实现微信支付，还可以开发类似于“微商城”等高级功能。

◆可以与第三方网站合作开发应用。

企业号

企业号不常用，其主要功能是使企业、政府机关及医院、学校等事业单位和非政府组织与员工、上下游合作伙伴和 IT 系统建立连接，同时使得企业的管理流程实现简单化，信息沟通与协同实现高效化，并使一线员工的服务和管理能力实现大幅提升。

1.1.3 微信公众号的五大疑问

了解了微信公众号的分类和功能，下面我们看一下有关微信公众号常见的问题有哪些。

Q1 •订阅号和服务号有什么区别？

Q2 •订阅号怎样升级为服务号？

Q3 •经过认证的服务号能转回订阅号吗？

Q4 •企业号有什么特点？

Q5 •to C 型公众号和 to B 型公众号是什么意思？

A1：订阅号和服务号的区别

有关订阅号和服务号的区别，我们可以用一个表格来总结。

权限	普通订阅号	认证订阅号	普通服务号	认证服务号
消息显示在对话列表			√	√
消息折叠在订阅号文件夹	√	√		
一天发送一条消息	√	√		
一个月发送四条消息			√	√
消息的接受和回复接口	√	√	√	√
聊天底部自定义菜单	√	√	√	√
九大高级接口				√
申请开通微信支付				√

A2：订阅号升级为服务号的方法

订阅号想要升为服务号是需要经过认证的，当认证通过以后，就可以变订阅号为服务号。具体的变更步骤为：

登录微信公众平台→点击“设置”→点击“公众号设置”→点击“类型”→点击“升为服务号”→点击“确定”

需要注意的是，订阅号一旦升级为服务号就不能再修改了。

A3：认证过的服务号转为订阅号的方法

认证后的服务号是不能转为订阅号的，但可以同时使用服务号和订阅号，因此建议大家同时申请一个服务号和一个订阅号，利用订阅号来做每日的内容资讯，利用服务号来做每周的精选。

A4：企业号的特点

◆更安全：企业号只有通讯录成员才能关注，同时分级管理员和保密消息等特性也使得企业号更加安全。

◆可配置：企业号中可以配置多个服务号，连接企业中不同的系统，而且企业成员只有通过授权方可使用对应的服务号。

◆无限制：企业号对于消息的发送是没有限制的，不仅如此，其管理接口和微信原生能力也相当完善，可以帮助企业协调复杂、个性化的应用场景。

◆更方便：企业号的消息入口具有统一性，这就方便了用户对企业号消息的管理，在微信通讯录中也可以直接访问企业号应用。

换句话说，企业号相当于企业内部的管理系统，而这个管理系统可以在微信中进行操作，因此在操作上非常方便。

A5：to C 型公众号和 to B 型公众号的含义

订阅号和服务号按照其受众群体的不同可以分为 to C 型、to B 型和混合型三种。其中 to C 型是以个人为对象，to B 型是以企业或机构为对象，混合型则是二者的混合。

大多数公众号都是 to C 型，以个人为服务对象；少数为 to B 型，以企业和机构为服务对象。换句话说，to C 型相当于消费型服务业，而 to B 型相当于生产型服务业。

1.1.4 微信公众号的价值

随着微信公众号的风靡，不少人开始讨论公众号的价值，尤其是有关微信公众号的价值评论更是此起彼伏。那么，究竟什么样的公众号才有价值呢？是粉丝越多价值就越高吗？企业建立的公众号又有什么价值呢？针对上述问题，我们为大家一一揭晓。

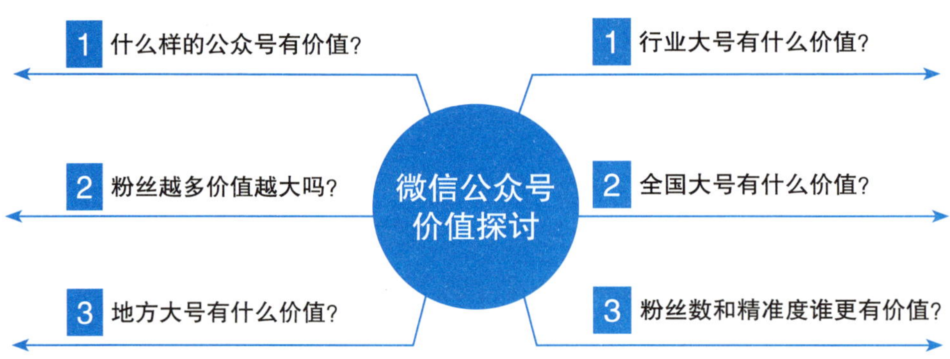

什么样的公众号有价值

微信公众号如果满足活跃度较高、运营有效的前提条件，就说明它是有价值的。但是根据粉丝数量的多少和运营质量的高低，不同公众号的价值也各有不同。

◆个人公众号聚集的圈子虽然小，但是很精准，容易在目标用户中产生持续的影响力，不仅可以实现价值变现，还能够树立和提升个人品牌。

◆企业公众号聚集的是核心客户资源，当达到一定规模后，将形成行业资源整合平台，成为承载企业无形资产的重要载体。

无论是个人还是企业公众号，都可以通过良性互动和持续运营提高公众号的价值。

粉丝越多价值越大吗

由于不同公众号的定位不同，对粉丝的数量评价也不尽相同。因此，粉丝多并不代表公众号价值大，只能说明公众号价值大的可能性更高。

◆个人公众号主要承载志趣群体和人脉资源，所以从这一层面上讲，粉丝越多越容易变现，账号价值自然就越大。

◆企业公众号所承载的用户包括客户、同事、同行和围观者等，这些人中既有精准粉丝，也有非精准粉丝，因此账号的价值也会因人群的不同产生或高或低的价值。

换句话说，如果账号定位于粉丝数量，那么粉丝越多账号价值越大；而账号定位于精准粉丝时，则是精准粉丝数量越多账号价值越大。需要注意的是，如果公众账号只求数量不求精准，那么很容易会步微博大号的后尘，而只讲精准不讲数量则很容易深陷功利漩涡，因此最好的方法是兼有全国大号与精准账号的优点。

地方大号有什么价值

所谓地方大号，指的是单一城市超过 2 万粉丝或者单一省份超过 10 万粉丝的公众号。它的最大价值就是 O2O 引导作用，这使得线下实体店与线上公众号实现了结合。当地方大号具备了这种特点时，只要粉丝数量超过 5000 人，就可以实现商业盈利目的。在这种时候，哪怕进行消息群发也会收到较好的效果。

需要注意的是，地方大号想要收集信息源、做好运营是非常困难的，如果没有人脉支撑，想要做好精准地方号是很难实现的，因此地方大号要充分利用现有资源，做好取舍，这样才能实现价值最大化。

行业大号有什么价值

行业大号的内容主要是行业资讯和专业信息，它的目标人群是上下游的企业客户，只要得到精准的行业用户群，那么行业大号就等同于行业媒体，引来海量用户和精准客群的关注与支持，使行业大号凸显出不可估量的商业价值。

全国大号有什么价值

全国大号基本等同于大众媒体，其有效性类似于微博的“冷笑话精选”，在用户中产生的影响力较大，引发的持续关注度较高。全国大号如果能够贴近行业、特定人群和目标客户，那么其价值就会得到极大的提升。

需要注意的是，全国大号不要完全走微博大号的旧路，公众号需要的是更加精准、可信的人群。

粉丝数和精准度谁更有价值

企业更在乎精准度，而个人更在乎粉丝数。很多微信公众号运营者总是认为先把粉丝数量搞上去，然后再考虑精准度，但这种做法是极不理智的。公众账号需要在粉丝数量和精准度上把握好一个度，使两者实现一定程度的平衡。这是因为即使未来精准度将占据愈加重要的地位，但提升粉丝数量、引发广泛传播仍是公众号运营的重要方面。

1.1.5 微信公众号的绝对优势

了解了那么多有关微信公众号的常识，那么公众号的优势又在哪里呢？一起来了解一下吧！

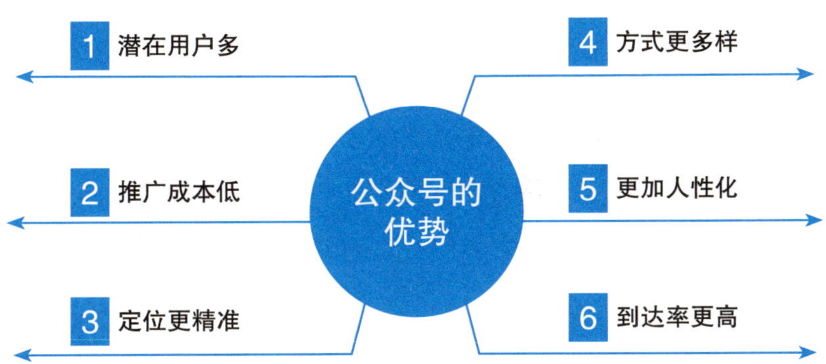

潜在用户多

2011 年 1 月 21 日，腾讯正式推出微信。由于软件本身和各种功能不收取任何费用，流量价格又比较低，再加上用户可以通过文字、图片和语音等方式与好友进行互动，微信一经推出就受到了广大用户的喜爱。2012 年 9 月 17 日，微信用户突破 2 亿人，这 2 亿人的背后所隐藏的巨大营销市场是众多商家和企业潜在用户的聚集地，加之微信用户数量持续不断地增加，潜在客户群也在不断上涨，是众多企业和推广人员的必争之地。

推广成本低

前面已经讲到微信软件本身是免费的，也没有任何功能费用，其产生的流量价格又比较低廉，换句话说，不管是注册、开通还是使用微信，基本上都是免费的，那么利用微信进行营销，所产生的成本费用自然比传统营销的推广方法要低很多。

定位更精准

微信后台有用户分组和地域控制，因此粉丝的分类实现了多样化，这样企业或商家进行消息推送时定位就更加精准。换句话说，商家可以将粉丝进行不同的分类，然后针对不同的粉丝特点推送精准的消息和内容。

方式更多样

普通微信公众号可以发送文字、图片和语音内容，而认证后的公众号还享有更高的权限，可以实现语音、视频和更漂亮的图文信息的推送。这种多样化的营销方式不仅拉近了商家和用户之间的关系，也使得营销活动变得更有趣、更生动。

更加人性化

商家利用微信营销时，对于用户来说是可以自由选择或接受的，微信公众号不仅可以主动推送消息，还可以让用户自己来选择接受消息的权力。常见的就是用户通过回复关键词来查看相关内容，这种方式使得整个营销过程变得更具人性化。

到达率更高

以往用微博发送消息时，我们并不知道粉丝是否真的看到了自己的消息，或者是否真正明白自己想要表达的内容，但利用微信可以确保每一条消息都送达粉丝的手中，可以说到达率高达百分之百，这是微博无法比拟的。

1.1.6 个人微信 VS 微信公众平台 VS 微博

随着互联网的迅速发展，大家对微信和微博已不再陌生，但并不是所有的人都了解二者之间的区别。与此同时，微信公众平台是腾讯在个人微信得到普及的基础上推出来的，个人微信和微信公众平台的区别，也是大众的疑惑所在。

1 个人微信 VS 微信公众平台

2 微博 VS 微信公众平台

个人微信 VS 微信公众平台

随着微信的火爆和微商的兴起，很多人既有微信个人账号，也有微信公众平台账号。那么，二者之间有什么区别吗？

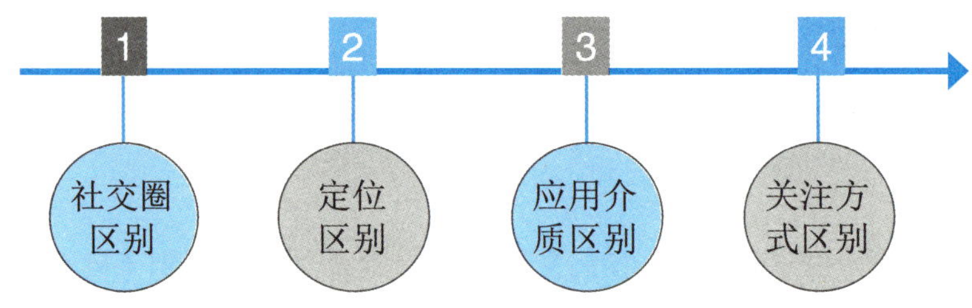

◆社交圈区别

个人微信社交圈以自己的人际关系为基础，所加的人群大部分是手机电话簿和 QQ 上的人，交流可以实现一对一，也可以实现多对多，以文字、语音和小视频为主。而微信公众平台所涉及的社交圈更为广泛，它囊括了个人关系圈，但微信公众平台上关注你的人可能并不是你认识的人。

◆定位区别

个人微信主要用于人际沟通交流，同时也有依靠朋友圈进行展示销售的现象，但微信公众平台则是以商业为主，主要用于品牌的推广宣传，或企业销售和 CRM 服务等。

◆应用介质区别

个人微信主要用于手机客户端，而公众平台则是以 PC 端为主，但也可在平台绑定公众号，利用手机微信公众助手发信息，这种方式较为间接。

◆关注方式区别

个人微信是可以互相关注的，而微信公众平台则只能由别人来关注，自己不能加人。不仅如此，微信公众平台的粉丝超过 1000 人之后才能被关键词搜索到。

微博 VS 微信公众平台

随着移动互联网的发展，微博和微信成为移动用户手机中的 APP 标准配置。那么二者之间有哪些区别呢?

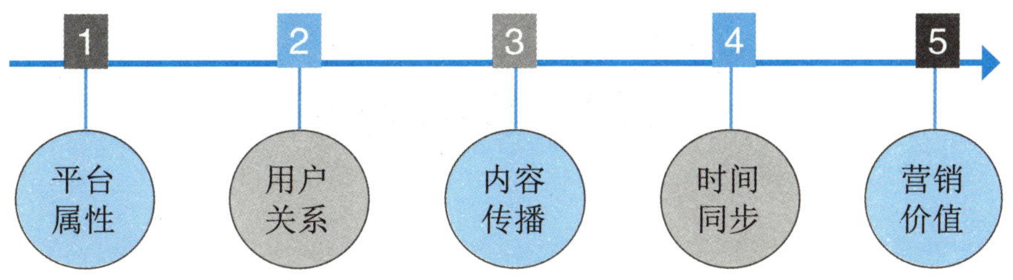

◆平台属性

对于微博来说，构建网络的枢纽就是信息，所以微博属于社会化信息网络。而对于微信来讲，构建网络的枢纽是用户关系，所以微信属于社会化关系网络。

◆用户关系

微博用户属于关注关系，无需加好友，彼此间不对等，而是一对多、多向度的关系。与之对应的微信则是多对多的对等关系，用户之间可以互加好友，以对话互动关系为主。

◆内容传播

微博属于开放性传播，传播有扩散性和公开性。而微信是一个闭环交流空间，传播方式较为私密，更加注重交流的作用。

◆时间同步

微博信息浏览具有时间滞后性，用户发布微博内容后粉丝不一定能同步查看，而微信则是双方在线聊天，从某种程度上讲具有即时性特点。

◆营销价值

由于微博与微信平台具有不同的属性，所以在营销价值上不能一概而论，我们只能说二者各具特色。广告主可以根据二者的特点和自身情况，有针对性地开展营销活动。

1.1.7 公众号运营常见问题解析

做任何事情都不可能一帆风顺，运营公众号也是一样，总会碰到一些棘手的问题需要我们去解决。下面，我们来了解一下公众号运营中常见的问题和具体的解决方法。

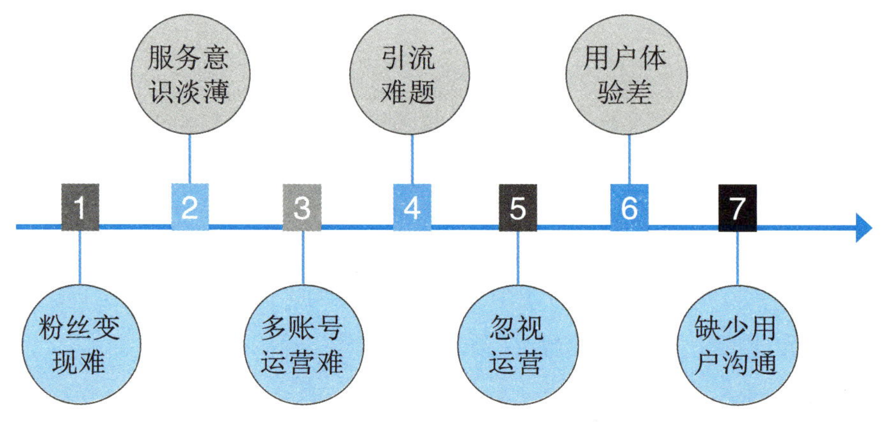

粉丝变现难

自 2014 年开始，新媒体的概念逐渐进入人们的视野，很多企业也开始利用微信做新媒体营销，通过在微信上发布内容和开展各项活动积累了一定数量的粉丝，但这些粉丝中却有很大一部分没有消费、购买企业的任何产品，使得企业的粉丝变现率一直不高。

◆方法建议：建议企业首先对品牌传播、创意传播和产品的推广进行区分，要认识到粉丝喜欢你的内容并不一定就会购买你的产品，喜欢和购买是两码事。平时要多留心观察那些好的广告文案，学会利用走心的文案刺激粉丝的购买欲。同时也可以做好数据和需求分析，通过不断的尝试来真正做到粉丝变现。

服务意识淡薄

很多企业急功近利，只为了涨粉而致力于内容的推送，忽视了对粉丝的引导和服务。此外，还有一些企业将优惠信息推送出去后并没有对那些感兴趣的人群进行有效跟进，从而使得账号无法实现最大化的价值转化。

◆方法建议：建议企业设置严格的考核机制，提高运营人员的服务意识，转变执行人员的固有思维方式。

多账号运营难

提到多账号系统，很多人会想到微博矩阵，而果壳网就是其中一个典型的代表。如今微信账号矩阵也被提出，很多企业虽然有多个不同品牌的不同账号，但这种方式的投入和产出价值严重不等，导致经营效果很不理想。

◆方法建议：建议企业做出重心规划，将重点放在一个账号上，要知道公众号传播靠的是内容而非多端口。不要可惜其他端口的粉丝，因为早一步做出改变，实现专一化账号运营，可能更容易收到好的效果。

引流难题

很多公众号运营的最终目的还是销售产品和服务，而想要做好多渠道销售，引流却是一件非常困难的事情。很多企业在发送引流内容时，往往会因为目的性不强而造成引流上的混乱，常见的问题有：

1. 文字表达能力差，无法深入粉丝的心。

2. 对微信和销售业务的结合没有做好规划，缺乏全程考虑。

3. 企业内部的利益竞争使得运营者左右为难，最终导致内容宽泛、没有重点。

◆方法建议：建议运营者多做测试和数据观察，选择出最好的引流方法，然后不断进行优化。一旦做出效果，公司就会对公众号提高重视，进而使整个公众号的运营进入良性循环的轨道。

忽视运营

微信营销在很长的发展阶段中都是以营销和举办活动为主，以此来吸引粉丝的关注，从而忽视了内容的作用。在这种情况下，有些靠营销点赞传播的公众号，打开率有的甚至低于1%，有的服务号甚至会出现当天新增粉丝数为负的现象。究其原因，还是与企业重营销而轻内容有关。

◆方法建议：由于模仿和同质化现象加重，微信加大了对营销和灰色地带的打击。企业运营者要结合自身优势，加强判断力和自我辨别能力，在做好营销的同时注重内容的优化和深耕。

用户体验差

用户体验是公众号运营的一个重要环节，企业既要做好页面的基础排版和交互功能的设计，同时也要注意回复的指引作用。很多公众号在这一点上做得不好，使得用户体验降低，从而导致损失了一大批粉丝。

◆方法建议：公众号运营者要掌握一些编辑排版、产品运营、平面和交互设计的相关技巧，同时要透过现象看本质，想清楚自己究竟要的是什么、想要做什么，靠细心和用心赢得粉丝的心。以下是公众号提高用户体验常用的实用工具。

工具分类	举例
排版工具	秀多多、秀米
表单工具	问卷吧、互动吧
内容工具	传送门、好酷网
交互工具及智能回复工具	问卷网、公众宝

缺少用户沟通

作为企业与客户的连接通道，微信的交流属性不容忽视。很多企业因为缺少和用户之间的沟通，损失了一大批潜在客户；而有的企业即使意识到这一点，也不知道如何与客户进行有效的交流。

◆方法建议：平时要多整理收集粉丝的问题，可以常做回复推送、数据分析和投票等，也可以做粉丝问卷调查，以此来凝聚核心粉丝群，引发粉丝的关注和支持。

1.2 吸粉利器，高质量公众号必备基因

1.2.1 具备互联网思维

公众号作为移动互联网时代下的产物，其运营自然离不开互联网思维。那么，想要运营好公众号，吸引更多的粉丝关注，我们应该具备哪些互联网思维呢？

简单

互联网的“简单”思维指的是公众号在设计上追求简单时尚，而不追求大而全，从而做到设计上的足够专注，引发大范围的传播效果。以呷哺呷哺为例，因为人人都离不开食物，所以其公众号粉丝可能涉及各行各业，兴趣爱好也各有不同。如果呷哺呷哺公众号为迎合所有的粉丝而做各种各样不同类型的内容，那完全是自讨苦吃，永远满足不了所有人的需求。

所以，公众号设计应以简单为主，在突出自身特点的同时，将那些不符合核心特点的内容全部删去。当然，过于简单也不可取，那样会使用户感到单调乏味。可以在精简化的同时，做一些具有娱乐性和趣味性的内容，以此来引发用户的情感共鸣，实现小而美的效果。

爆点

很多公众号在运营的过程中，没有足够稳定的粉丝来源，很难长久坚持下去。其实要想打破这种局面也并没有想象中那么难，利用爆点创造爆破营销就是不错的办法。爆点就是产品能让用户引爆话题的点，换句话说就是产品口碑传播的方向。具体运用到公众号上，就是利用活动或文章在短时间内赢得大量粉丝，使得公众号可以坚持做下去。而一旦有了一定的粉丝基础，阅读量就会相应提升，分享和转发也会为公众号带来更多的粉丝，从而获取稳定的粉丝渠道，使公众号的运营进入良性循环的轨道。

需要注意的是，利用爆点可以在短时间内赢得粉丝，但这只是第一步，我们还要做好内容，提高粉丝的黏性，从而形成属于自己的忠实粉丝。

痛点

所谓痛点，就是用户对产品或服务不满的地方，也是其亟需解决的问题。如果能够针对用户的痛点，找到具体解决的方法，那么就会受到用户的欢迎。对于公众号来说，想要抓住用户的痛点，就要从定位和内容两方面下手。

很多公众号运营者通常对本行业具有专业化理解，这种理解与用户的一般化认识有所不同。例如网络安全类公众号，运营者可能会写一些关于加密解密的代码和专业性内容；而大部分用户的要求其实非常简单，他们往往更在意如何来保护自己的账号，如何能够使自己的网上交易更加安全。如果运营者按自己的想法写一些较为专业而晦涩难懂的内容，那么就很难满足用户的需求。在这种时候，不妨多做一些数据调查，找到用户真正的痛点，然后对症下药，这样才能真正击中用户的痛点，吸引更多的粉丝。

1.2.2 学会借势营销

借势营销就是借助其他事物达到自己的营销目的。那么借势营销都可以“借”什么呢？

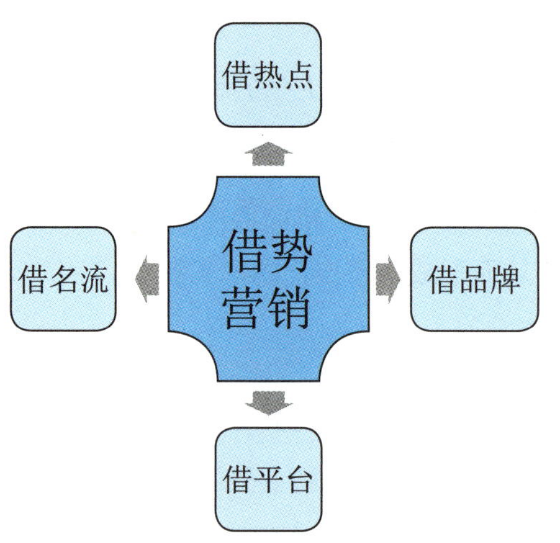

借热点

不管公众号做的是什么方向，只要关注热点话题，并结合这些热点做好内容创作，就很容易受到用户的喜爱。热点就是大众关注和好奇的点，如果公众号能够借此进行深度挖掘和分析，那么新粉丝就会主动上门。以“首席发言者”公众号为例，其所探讨的问题主要偏重于新媒体和科技。在选取内容时，主要针对的是新媒体和科技的热点话题，比如微信营销和 3D/4D 打印等，因此受到了许多目标粉丝的青睐。

需要注意的是，公众号推送信息的数量有一定的限制，所以很难在第一时间将热点发送出去，这时我们可以利用个人微信来发布信息进行预热，并使之与公众号产生连接推荐效果，为群发做足准备。

借品牌

借品牌，顾名思义就是借助其他品牌来宣传自己的产品。以七喜为例，在其上市初期，饮料市场上主要以可口可乐和百事可乐为主，于是七喜在广告宣传上下手，利用“七喜：非可乐”这一广告赚足了眼球，不仅把七喜定位在非可乐的位置，使人想到非可乐饮料就想到了它，同时也在无形中使得七喜与可口可乐、百事可乐等大品牌处于并列的位置。这就是七喜巧妙的借品牌营销方法。对于公众号来说，我们同样可以借品牌营销，如摄影方面的公众号可以将自身定位与佳能或尼康等品牌挂钩，借助这些品牌来做自我宣传，达到营销的目的。

借平台

借平台就是借助平台的优势进行自我宣传。“调戏电商”就是借助《销售与市场》这一杂志平台获得大量用户的。《销售与市场》作为内地第一家大型营销专业期刊，在我国各商业和经济类期刊中处于遥遥领先的位置，其发行区域涵盖我国 300 多个城市的 40000 个销售终端。而“调戏电商”就是利用运营者曾在《销售与市场》工作过这一入口，成功登录了日访问量在业内排名前几的《销售与市场》杂志官网平台，实现了借平台营销的营销推广目的。

借名流

借名流其实就是借个人品牌进行营销，这个个人品牌可以是明星，也可以是业内知名人士，将自己的公众号与名流绑在一起，就可以利用他们的名气为自己做宣传。这样做可以使自己的公众号变得火热起来。“借名流”有很多种方式，有条件的可以直接找名流朋友宣传推荐，也可以利用名流身份推广，或者找自媒体大 V 帮忙推荐。

1.2.3 辨别真假粉丝

如今，粉丝的概念极为广泛，在自媒体时代，微博和微信上关注你的人就可以称作你的粉丝，而对于公众号来说，粉丝就是订阅用户。其实，在公众号庞大的粉丝群中，既有真正支持公众号的真粉丝，也有凑热闹的假粉丝，让人很难辨别。针对这种情况，我们来看看到底如何辨别真假粉丝。

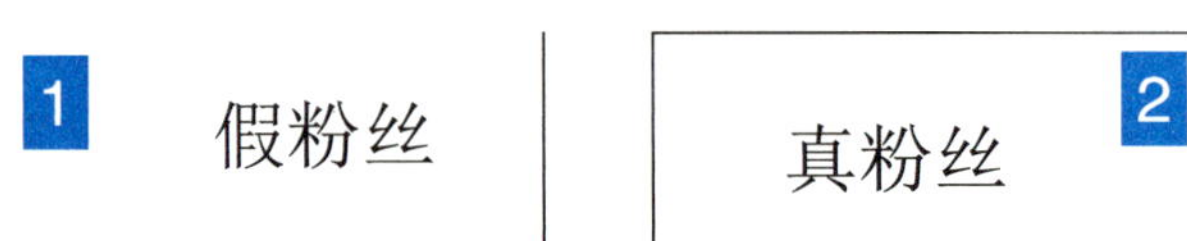

假粉丝

当我们举办关注即送礼品等活动时，虽然可以获得大量的粉丝，但活动一结束可能立刻就会掉粉。这些丢掉的粉丝就是假粉，因为他们当初之所以关注公众号，为的就是获得礼品。当然，剩下的粉丝也并不一定就是真粉，他们很可能只是没有来得及取消关注或者懒得取消关注而已。

作为公众号运营者，我们首先要清楚掉假粉并不是多么严重的事情，反而可以帮助我们认清公众号目前的运营状态。

真粉丝

所谓的真粉丝，就是忽略公众号的缺憾而一直追随的粉丝，当公众号进行宣传推广活动时，他们立刻支持，同时以切实的消费行动来证明自己的“真”——只要是公众号推出的产品和服务，他们就会放心购买并推荐给自己的好友。以罗振宇的罗辑思维为例，该公众号只用了短短几个小时就得到了粉丝们过百万的支付资金，这些粉丝就是罗辑思维的真粉丝。

需要注意的是，忠实粉丝并不一定就是真粉丝，忠实粉丝可以分为心理忠实和行动忠实。行动忠实的粉丝可能是因为方便和优惠等因素而实施重复购买行为，一旦找到更合适有利的条件就会弃你而去；而心理忠实的粉丝则忠于你的品牌，即便是公众号间隔很长时间不更新，他们也会一如既往地支持下去。所以说，只有心理忠实的粉丝，才是公众号的真粉丝。

1.2.4 掌握粉丝心理

粉丝是由形形色色的人组成的，而不同的人会有不同的性格和心理。公众号运营者要掌握粉丝的真实心理，针对不同的粉丝进行不同方式的沟通和引导。那么，常见的粉丝心理都有哪些呢？

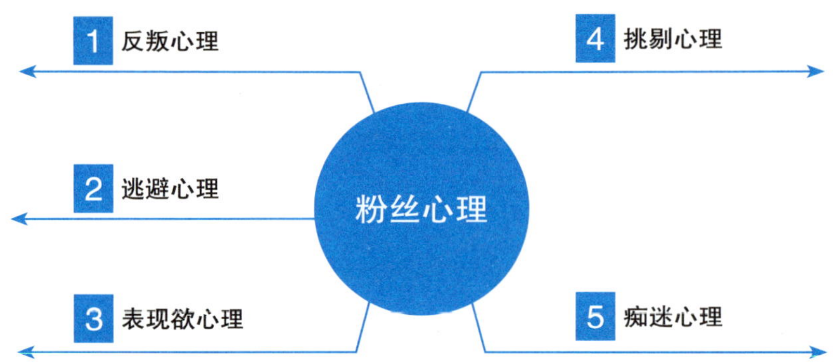

反叛心理

反叛心理表达的是当事人对某些限制的叛逆快感。所有的人都有反叛心理，只是由于理性思维的把控而将其压了下来。在公众号的粉丝中也不乏这种心理。即便公众号的内容做得再好，推送时间卡得再完美，也会有反对的声音响起。这些反叛的粉丝通常从自己的角度出发，以自己对公众号的理解和认识为基础进行反抗。作为公众号的运营者，要认识到这种现象是不可避免的，我们没有办法提前预估哪些是反叛粉丝，唯一能做的就是做好充分的准备，经常和粉丝进行互动，发现粉丝中一些不同的想法并设法解决，这样可以在一定程度上解决反叛粉丝的问题。

逃避心理

在这个快节奏的时代，人们在生活、工作和学习的时候，往往处于高压状态，于是经常产生诸如“让自己放松一下”之类的想法，这就是逃避心理的表现。同样的道理，公众号定时推送内容进行互动，看似正常，但背后很可能也存在着粉丝的逃避心理。因为大部分人都有看淡日常状态、渴望以逃避来安慰自己的心理。作为公众号的运营者，在面对粉丝的逃避心理时，最好不要如往常一样，天天发送大量内容，而要适当地让自己休息一下，给自己和粉丝一个喘息的空间。

表现欲心理

很多公众号在发送内容时，会选择一些较为技术性或观点性强烈的文章。但是，粉丝中往往也会有专业知识能力较强的人，他们对文章中的某些观点和看法会有较强的表达欲望，这就体现了表现欲心理。对于这类粉丝，建议公众号运营者适当给予他们表达观点的机会，满足其表现欲心理。例如，在公众号中征集粉丝作者，诚邀他们来投稿。这样做既可以满足这些粉丝的表达欲望，也能够吸收有益的建议，使公众号的内容变得更加多样化和具体化。

挑剔心理

公众号粉丝中有很多“专家级”的人，这些人属于典型的“技术控”，总是会提出一些奇怪的想法，或者爱钻牛角尖，即便是专业大师也可能被他们驳得无话可说。对于运营技术类公众号的人来说，自己的创作团队通常很难为这样的粉丝创作出较为完美的内容，因为他们只从自己的知识水平出发，不考虑市场等其他因素，所以运营者总是会被他们纠缠得烦不胜烦。这时建议运营者注意以下几点：

◆尽量不要与这些粉丝做过多的纠缠，即便自己在理也很容易让他们怀恨在心，同时还浪费自己的时间，得不偿失。

◆做内容要秉承严谨的态度，尽量不要给这些人以可乘之机。

◆具有挑剔心理的粉丝通常较为偏执，他们的技术理论和拓展能力较强，很容易迷惑入门者，公众号运营者其实可以充分利用他们的这些特点来帮助自己实现营销。如小米手机就是利用那些对手机性能和数据极端关注的粉丝实现口碑营销，并成功卖出了多部手机。

痴迷心理

怀有痴迷心理的粉丝通常就是大家所说的“脑残粉”。而脑残粉指的是对名流或品牌极为热衷以至失去理智的粉丝。这些粉丝见不得别人对自己热衷的名流或品牌进行抨击，通常会奋起反驳甚至伤及他人，引起一些大规模的网络口水战。对于公众号来说，难免也会遇到怀有这种痴迷心理的人，当他们痴迷于我们的公众号或产品时，我们不能仅是沾沾自喜，还要做好良性引导，否则很容易导致这些粉丝失控，产生不良的后续影响。

1.2.5 把控粉丝黏性

有了一定的粉丝数量之后，公众号就不能仍旧痴迷于吸粉，还要学会把控粉丝黏性，这样才能创造属于自己的死忠粉。那么，想要提高粉丝黏性，最基础的应该做到哪些呢？

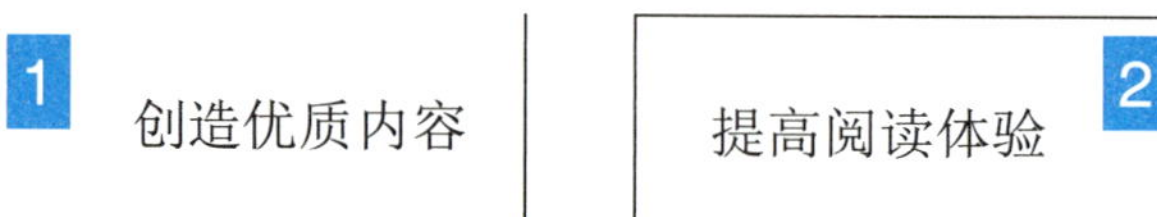

创造优质内容

内容是公众号运营的基础，没有好的内容很难积累粉丝，更别说提高粉丝黏性了。对于那些靠爆破营销得来的粉丝，更是需要用优质的内容来留下他们。需要注意的是，公众号的内容不能被广告营销占据大片区域，而是需要公众号运营者抱着严谨的态度拿出更多可读性强的文章，让粉丝觉得你的内容有价值，这样才能留住粉丝。同时还要注意，当公众号发展到一定阶段后，可能会有人想要在你的公众号上发布软文，当然你也会得到相应的好处，但这时一定要头脑清醒，如果自己刚刚发过一些类似的软文，那就要适当拒绝对方，以免因为重复发文导致掉粉。

提高阅读体验

对于公众号来说，提高用户的阅读体验是其品牌运营的重要基础。这是因为公众号营销从本质上来讲是基于社交关系的一种营销，其核心就是质量和服务。其中质量的体现就是优质的内容；服务的体现则是通过与粉丝间的有效互动，增加公众号的活跃度，提高粉丝的阅读体验。

1.3 吸粉失败，公众号常见死因解析

1.3.1 主观态度问题

随着移动互联网的不断发展，到 2014 年年底，微信的用户数量已经达到 5 亿人。从这个恐怖的数字可以看出，利用微信公众号进行营销无需考虑用户数量不足的问题，我们在此时的主要任务是如何将用户尽可能地吸引到自己的公众号上来。于是各种广告软文出现在一些公众号平台上，其无目的性和粗制滥造的特点，引发了大众的厌恶和反感，最终导致失败。

公众号失败的原因主要体现在以下几个主观态度问题上。

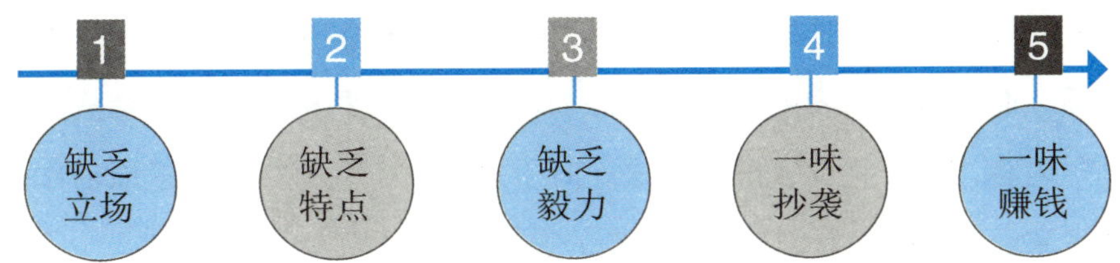

缺乏立场

很多公众号运营者是抱着跟风的态度参与进来的，只要看到别人做得不错，自己就迅速跟进，开通账号后随意取个名字就开始想方设法转载内容。而当它们拥有了用户之后，就开始匆匆忙忙投放广告，软文也是东一篇西一篇，到最后做得越来越乱，自己都弄不清楚自己是干什么的，造成定位模糊的乱象。在这种混乱的局面下，用户只要经过一段时间，拥有了最基本的判断选择能力，自然就会取消对该公众号的关注。

缺乏特点

作为自媒体的一种，微信公众号必须要有自己的立场和特点。在内容上，不能只是客观中立地叙述、转载，而要有自己的思考，否则用户直接订阅新闻就可以了，完全没有必要订阅公众号。换句话说，如果想牢牢抓住用户的心，就要做出自己的特色，在规则和法律范围之内尽情表达自己的观点。

缺乏毅力

做微信公众号不仅要用心，还要有坚持到底的毅力。很多微信公众号之所以失败，是因为总是偷懒转载别人的文章，没有自己的作品，要不然就是很久才发一条消息，对自己的公众号根本不上心，这样下去用户自然会取消关注。

一味抄袭

微信公众号在转载文章时，最不可取的做法就是一味抄袭，这样做不但会引发粉丝的厌恶，造成掉粉现象，还会引起版权等法律纠纷，带来不必要的麻烦。而在原创内容的基础上，添加自己的理解和感悟，使文章成为“伪原创”内容，是一种比较好的方法。对于那些没有能力持续发送原创作品的运营者来说，做好伪原创是解决问题的重要方法。

一味赚钱

对于大部分人来说，做微信公众号的最终目的就是赚钱。但正所谓“君子爱财取之有道”，我们需要在做好用户服务的基础上赚钱，以此获取用户的持续关注和支持，否则公众号很难长久地走下去。

1.3.2 运营操作问题

除了主观态度问题之外，运营操作问题也是公众号常见的失败原因之一，此类问题往往导致吸粉失败或掉粉失粉现象。那么常见的运营操作问题都有哪些呢？

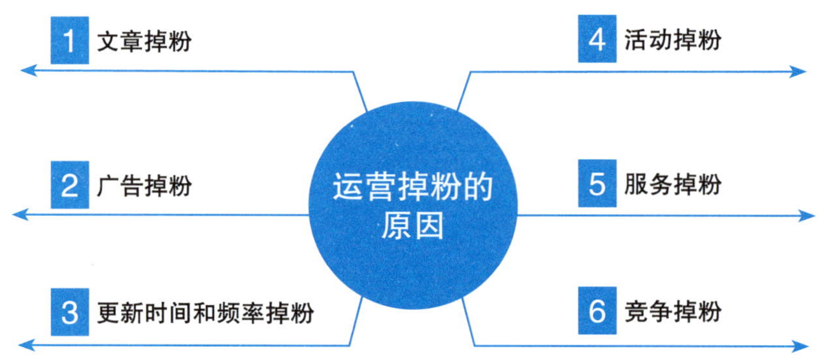

文章掉粉

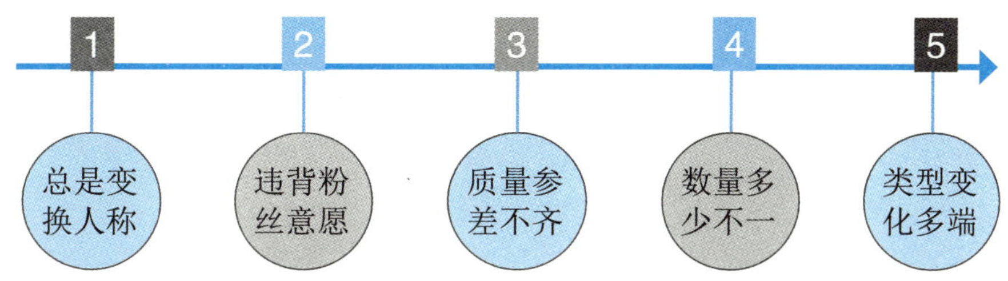

◆总是变换人称

部分公众号运营者在撰写文章时有时用第一人称“我”，有时用第二人称“你 / 你们”，有时甚至还会使用第三人称“他 / 他们”。通常情况下，自媒体多使用第一、二人称，而企业自媒体则多使用第三人称。换句话说，这些公众号有时是原创文章，有时则是转载文章。在这种情况下，粉丝经常会因为搞不清文章的出处而晕头转向，从而降低了对该公众号的黏性和支持度，造成掉粉现象。

处理办法：新闻上经常用“小编说：……”这样的句式，建议大家借鉴这种方法，在文章的开头处告诉粉丝文章到底是原创还是转载。

◆违背粉丝意愿

所谓违背粉丝意愿就是与粉丝的想法背道而驰。在公众号运营过程中，我们对于民心所向的东西坚决不能持相反的观点，否则掉粉是瞬间的事。即便是靠这种方法让自己的文章迅速蹿红，也终究是昙花一现，反倒会引发严重的社会和法律问题，绝不是可取之道。

处理办法：文章内容一定要做到顺应人心，不要两边倒，否则会得不偿失。

◆质量参差不齐

文章质量有高有低是很正常的现象，但波动幅度不能过大，否则阅读量一会儿过高一会儿过低，很容易出现掉粉的现象。需要注意的是，如果一篇文章质量过差而且长时间没有高质量文章产出，粉丝取消关注就会成为很自然的事情。

处理办法：平时多观察和比较质量高的文章与质量低的文章之间有哪些差距和不同，找出其中的关键因素，看看是因为偏离热点还是文章内容本身就有问题，同时还可以寻找网上一些比较好的文章推送给粉丝。

除此之外，如果是因为内部岗位调换等原因造成文章质量出现问题，就要设法加快提高新编辑的适应能力，从而保证文章的质量。

◆数量多少不一

“数量多少不一”是指有时只发一篇文章，而有时却一次发四五篇文章。这就如同我们平时穿衣服，有时穿一种颜色，有时却一下子四五种颜色上身，容易让朋友产生感官不适。同样的道理，粉丝也有自己的接受习惯，对于随意发送文章的现象会很难接受，从而引发掉粉等不良后果。

处理办法：要制定文章发布篇数统一的原则，数量落差不能太大；想要进行调整也要通过粉丝调查之后再逐步实施，给粉丝一个缓冲的时间。

◆类型变化多端

以旅游业公众号为例，如果公众号的文章类型变化多端，只要是和旅游挂钩的各个方面都有所涉及，比如今天发国内旅游，明天发国外旅游，后天发亲子旅游，等到了大后天又开始发个人旅游，而公众号的粉丝也呈现多样化的特点，即使所发内容质量再好、再全面，也很难满足粉丝的多样化需求。

处理办法：选择文章时尽量要有自己的特点，比如以亲子游为主，或以老年夕阳游为主，这样做不但可以树立起鲜明的公众号特色，形成品牌优势，还很容易吸引目标粉丝的关注，起到很好的吸粉吸睛效果。

广告掉粉

广告掉粉的原因如下。

◆频繁发广告

如今公众号涨粉本来就是比较困难的事情，如果再加上频繁地发送广告，那么掉粉是再自然不过了。

处理办法：想要发送广告，也要将其放在末条，同时标题还要写清楚是“【广告】……”；广告的数量一般以一条为好，如果想要发两条，那么图文最好要超过六条；如果是每天有规律地发广告，那么广告位置一定要一致，通过这种做法与粉丝建立起无声的默契。

◆发质量差的广告

所谓质量差的广告，就是指那些内容死板生硬、排版毫无逻辑的广告。质量差的广告简直让人无法直视，如果在公众号中发送这样的广告，掉粉就是可以预期的事了。

处理办法：质量差的广告最好干脆别接，要把这种广告的危害跟领导说清楚；实在没有办法必须接下广告，也要对广告进行适当修改，提高其质量后再发。

◆发垃圾广告

对于粉丝来说，垃圾广告主要包括以下几种。

举个例子，做旅游的公众号就不要发教育类的广告，粉丝人群集中在“90后”或“00后”，就不要发老年养生类广告，以免因定位不准而造成吸粉失败的后果。

处理办法：要根据粉丝人群的类型和特点来发送广告，分析广告对于粉丝来说有没有需求；如果对于粉丝来说有一定需求，加上广告的阅读体验性又高，那么粉丝的接受度就会增强。

更新时间和频率掉粉

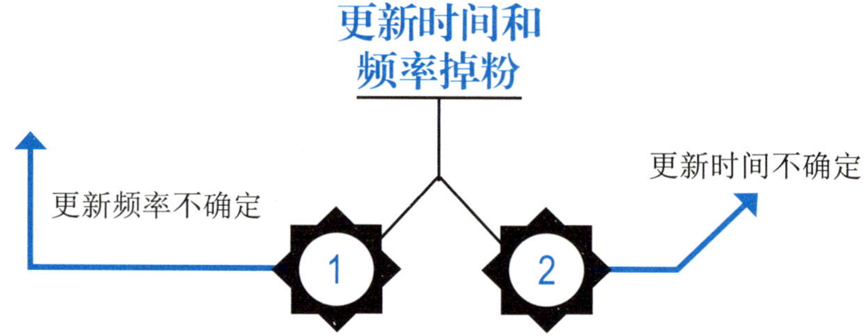

◆更新频率不确定

如果公众号更新的频率不稳定，隔三差五才推送一篇文章，那么必定会引起粉丝的不满，取消关注是很正常的事情。要知道，粉丝之所以订阅公众号，就是想要了解对其有用的内容，而那些没有有效内容的公众号是很难吸引粉丝关注和支持的。

处理办法：争取每天推送原创内容，如果无法做到，也可以转载较为新鲜的内容推送给粉丝。

◆更新时间不确定

有的公众号运营者喜欢随机推送内容，没有固定的时间，一会儿上午发，一会儿晚上发。这种做法虽然掉粉现象不会太严重，但对于“真爱粉”来说，定点查看内容是他们的例行之事，如果不能定时收到内容，对于他们来说无疑是一种无形的折磨。

处理办法：定时定点推送内容。中国网民使用微信的高峰时间在早上8:00–9:00、中午11:00–13:00和晚上17:00–22:00之间，可以结合自己的情况选择一个合适的时间段推送内容。

活动掉粉

活动虽然可以帮助公众号圈粉，但活动质量却直接决定了粉丝的质量。这就导致很多粉丝在活动结束之后就迅速取消关注，因为他们并不是真正因为内容而被吸引。上述情况说明，利用活动圈粉，最终导致的结果往往就是大起大落。

处理办法：设置活动时，不管是场景还是内容都要与目标人群保持一致，争取做出粉丝可以接受的内容，然后围绕目标人群设置场景。这样圈到的粉丝，取消关注的可能就会大幅减少。例如旅游类公众号就可以在旅游类展会上圈粉，之后不断推送优质内容；粉丝看到这么好的内容，一般情况下就不会取消关注了。

服务掉粉

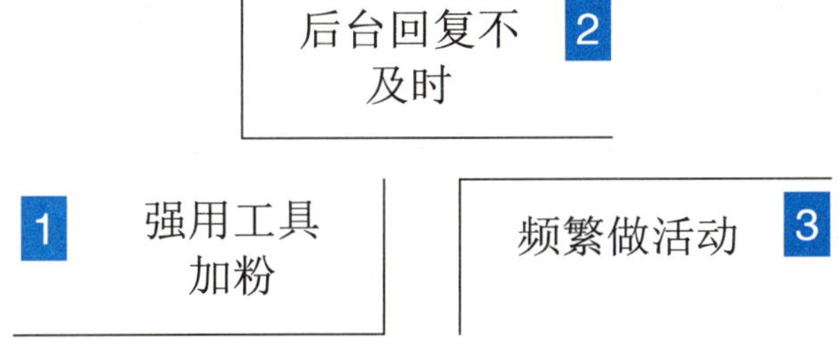

◆强用工具加粉

有些公众号利用加粉工具强制加粉，视流量为第一。这种做法无视粉丝的真实需求，在加粉后很容易引发粉丝自行取消关注的现象。

◆后台回复不及时

如果后台不及时回复粉丝的话，也很容易造成粉丝取消关注的现象。

◆频繁做活动

除非公众号的定位就是以活动为主，否则总是做活动而没有优质内容推送，哪怕活动再好也无法满足粉丝的刚性需求，在这种情况下，粉丝取消关注就是很正常的现象。

处理办法：对于以上三种服务掉粉现象来说，最好的解决方法就是与粉丝进行及时、有效的沟通，并打造优质内容推送给粉丝，以此来获得他们的支持和好感。

竞争掉粉

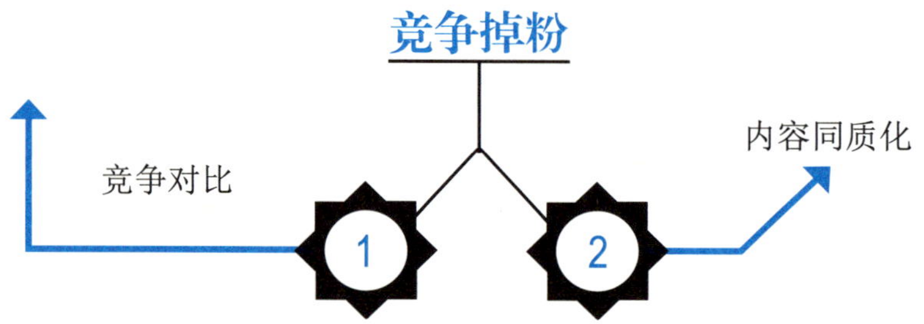

◆竞争对比

一旦出现竞争对手，那么大部分粉丝就会对公众号的各方面进行对比。这时小小的失误就会产生极度放大的效果，甚至引起粉丝取消关注。

处理办法：在为公众号进行定位时，最好与其他公众号区分开来，做得更细化一些，进而实现差异化竞争。

◆内容同质化

同一个行业中的优质内容通常被多个公众号转载，造成较为严重的内容同质化现象，从而产生掉粉等不良后果。

处理办法：多尝试原创内容，有条件的话可以聘请兼职来专做文章原创；同时也可以向粉丝征稿，这样不仅可以与粉丝进行有效的互动，还能得到优质稿源，可谓一举两得。

打造吸睛公众号，轻松俘获粉丝心

2.1

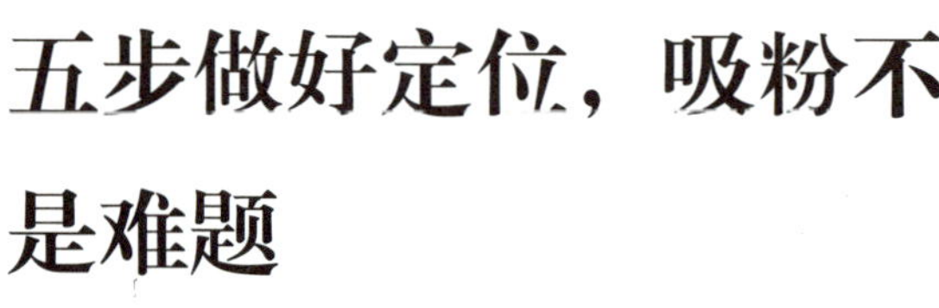

五步做好定位，吸粉不是难题

2.1.1 第一步：找到盈利模式

公众号申请成功之后，很多运营者会陷入不知道如何用公众号挣钱的窘境，针对这种问题，运营者需要定位好公众号的盈利模式。那么，公众号有

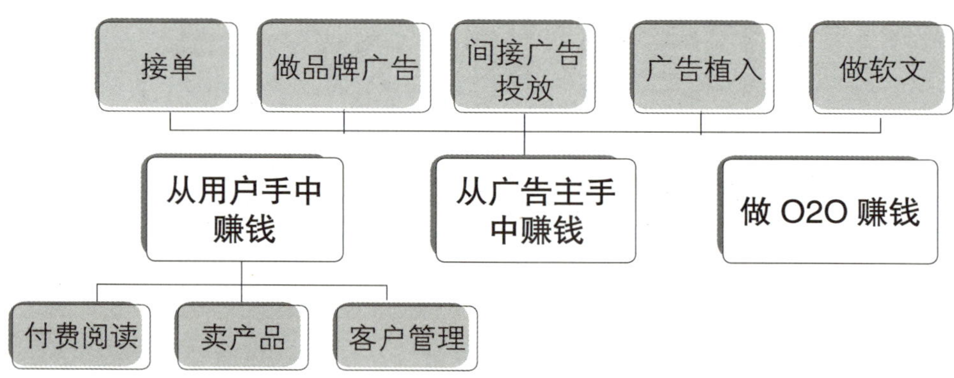

哪些盈利模式呢？

从用户手中赚钱

◆付费阅读

在如今这个时代，想要依靠简单粗暴的方式留住用户是非常困难的，即便真的留下了用户，其中的大多数也只是不会点开来阅读的“僵尸粉”，所以提高内容质量就变得越来越重要。我们可以通过创办会员的模式来营造自己的媒体圈，通过付费阅读的方式来赚取利益。

◆卖产品

想要赚钱最直接的方法就是卖产品。卖产品要想做得好就要想办法黏住客户，形成重复营销，以便从同一个客户身上获得最大化的收益。

◆客户管理

利用微信与用户沟通，容易在创建好口碑的同时，留下关于用户的习惯和使用数据，并在此基础上建立起有效的客户管理系统。在这种情况下，最新活动信息也很容易通过微信传达给目标消费者，从而做到精准营销。

从广告主手中赚钱

◆接单

如果你的公众号已经有了一定名气，就会有商家主动找上门来，这样接单盈利就变得简单很多。但如果自己名气不够，无法吸引商家，就只能是自己进行推销。

◆做品牌广告

做品牌广告需要一定的粉丝数和品牌影响力，可以通过在文章最后添加图片和链接，直接联系广告主。

◆间接广告投放

与直接把广告投放在微信官方编辑后台不同，间接广告投放要将用户转到第三方页面上来进行广告投放。微信在其中充当的是浏览器的作用。所以绝大多数 WAP 页面做的广告都可以实现。但需要注意的是，这样的第三方跳转很容易损失用户，而且广告不恰当的话还会对用户体验造成影响。

◆广告植入

当公众号具有一定的规模和粉丝量，同时得到用户的高度认可时，就可以在推送有动画、视频和声音等的富媒体内容时植入广告，直接将某个品牌的名字或广告词植入内容中，从而获得盈利机会。

◆做软文

很多公司需要做 PR（影响网站在搜索引擎中排名的一个重要组成部分，全称 PageRank），这时软文的作用就显得非常重要，我们可以利用软文为创业公司或 APP 做宣传，以此提高网站或 APP 的排名。

做 O2O 赚钱

如今微信在大力推广 O2O，很多初创型 O2O 平台企业为了让用户下单咨询方便而直接将公众号做成具有 APP 功能的平台。例如将自定义菜单上的文字连接位置卖给商家，也可以在内容的底部投放贴片广告，也可以利用关键字回复卖广告等。

总之，公众号的盈利模式多种多样，而真正打动用户的通常是核心产品，所以先把产品做好，之后的盈利将会水到渠成。

2.1.2 第二步：锁定目标人群

所有公众号的最终指向都是人，不管是什么产品和服务，都要找到与之相匹配的人群，所以公众号做好目标人群定位是十分重要的。

1 清楚自己的产品或服务

2 根据产品和服务瞄准目标客户群

3 筛选受众群体范围

那么如何来锁定自己的目标人群呢？在做人群定位前我们首先要清楚自己的产品和服务有哪些，或者清楚自己将来会使用什么样的产品和服务来进行营销活动。这样才能根据自己产品和服务的特色，对目标客户群进行有效分析，从中筛选出产品和服务的受众群体范围。

公众号做人群定位，就是要找出同一类型的人群，这一类型的人群往往对公众号所推送的内容资讯喜闻乐见。需要注意的是，在锁定人群范围时一定不要过于宽泛，范围越窄越好。

以公众号 jyjc666“精英阶层”为例。该公众号的定位人群是老板、金领和高管等社会中坚和精英阶层，所以其内容也就偏重企业管理、商业趋势和高端消费等方向，以这个阶层的人的生活和工作重心为指向，想方设法吸引该群体的关注，以此来获得盈利的机会。

需要注意的是，如果产品和服务只针对高管，那么“精英阶层”的定位明显过于宽泛，不如直接换为“高管参与”更精准一些，内容方面则以企业管理等为主，这样更容易吸引目标人群的关注目光。

总之，在定位目标人群时，要与自己的产品和服务相匹配，并推送与之相关的内容，这样才能达到精准营销的效果。

2.1.3 第三步：提炼核心产品

在做公众号定位时，我们一定要提炼出自己的核心产品，这样才能把握推广重点，凸显出产品的卖点。通常情况下，我们将核心产品分为以下三类：

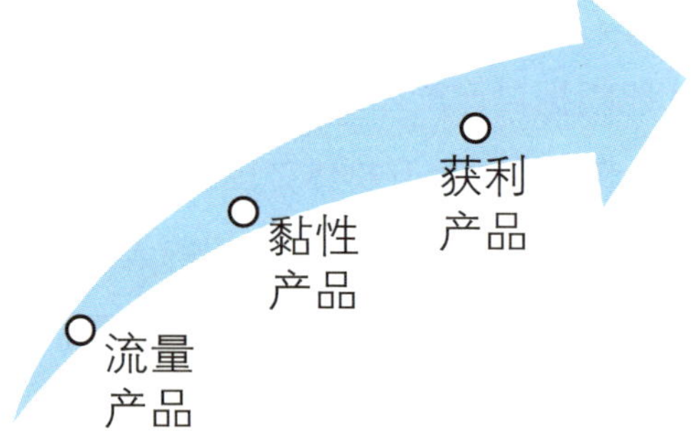

流量产品

所谓流量产品，顾名思义，就是专门为了吸引流量而设计的产品，此类产品的价格通常很低。需要注意的是，流量产品也可以是优秀的文章。总之，只要能成功吸引到流量，引发大众关注目光的产品，都可以作为流量产品出现。

黏性产品

实用的功能 2

1 用户常用产品

黏性产品

有价值的文章 3

黏性产品就是可以使消费者持续不断购买和使用的产品，它可以起到增加用户对公众号平台黏性和信任度的作用。黏性产品既可以是用户最常用的产品，同时也可以是较为实用的文章和功能，例如查询违章记录功能等。

获利产品

当用户对我们的公众号平台有了一定的信任度后，就可以让信任变现，推出获利产品。换句话说，获利产品就是在用户信任基础上能够变现的产品。

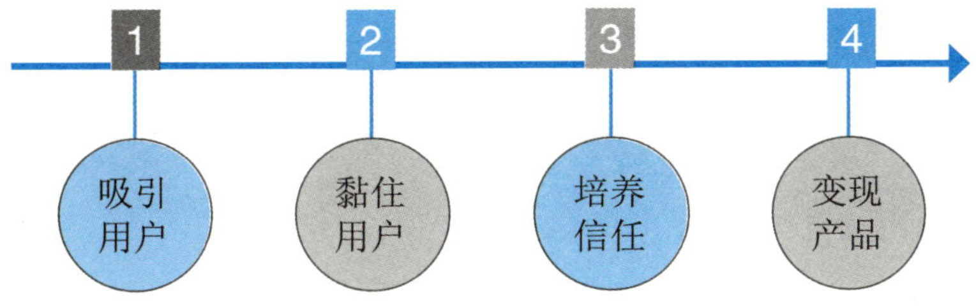

2.1.4 第四步：制定营销策略

制定营销策略对于企业的生存发展具有重要的作用。而对于公众号运营者来说，如果想要增强企业竞争力，更好地满足消费者需求，那么做好公众号营销策略同样是非常必要的。

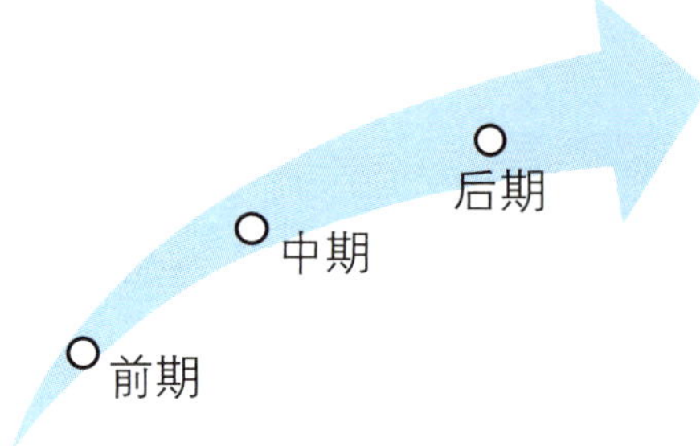

前期

在前期一定要做好认证工作，最好首先申请订阅号，发展到一定程度之后再考虑申请服务号。除此之外还要注意以下几点：

◆不要一上来就打广告，这样容易降低粉丝的黏性。

◆要定时发送朋友圈内容，以此来获得大量转发的机会。

◆定期举行活动，一个月最少三次。常见的活动有“转发即送 XX”、“关注就送 XX”等。

◆做好粉丝管理，可以按照地区来划分，也可以按照其他标准做好分类。

◆收集用户资料，根据用户资料来策划活动。注意用户的手机就是资料来源，可以设计这样的活动：“关注微信，回复您的姓名和手机号即可获得精美礼品一份”。

中期

中期要关注用户资料的收集，当然也离不开活动策划，我们举一些常见的案例：

◆化妆品店可以要求用户关注微信号后回复肌肤类别、姓名、年龄、性别、手机号等信息即可获得赠品。

◆童装店可以要求用户回复孩子的年龄、身高、姓名、性别、父母手机号等信息即可获得赠品。

营销活动往往要根据结果的设定来进行相关策划，同时还要对结果进行有效预估。当然也少不了一定的投入，没有付出是不可能会有回报的。

在公众号运营期间，我们需要掌握一定的广告发送时间和技巧，注意内容的真实性和专业性，并在结尾处鼓励大家积极回应和评价，根据所收集的用户的评论来对粉丝进行分类，只要是给予文章好评的用户都是潜在客户，也是将来广告投放的主要目标。需要注意的是，发送的广告要以用户的兴趣为依据，根据用户感兴趣的程度来设置用户的等级，以此来决定用户的权利。

后期

后期主要是售后的管理，在用户购买完成后要做好售后的回馈和跟进工作，这样做可以在一定程度上提高客户转化率。

我们在做微信营销活动时，需要做好与用户间的互动交流工作，学会主动体贴用户，以此来赢得客户的好感和支持，增加他们对公众号的黏性。

2.1.5 【案例详解】精英阶层的定位法则

很多公众号建立的目的是为了做营销，而做好目标人群定位是营销活动中一件很重要的事情。在这一点上，“精英阶层”（公众号：jyjc666）做得就十分到位。“精英阶层”运营者将公众号人群定位在金领、老板和高管，这些人都是社会的中坚力量，个个都是精英，因此该公众号在内容的推送上就根据人群定位专注于企业管理、投资创业、商业趋势、高端消费和圈层生活等方面，以定位人群的阶层生活为导向，吸引到了该阶层人士的广泛关注，同时也获得了理想的收益，满足了自身的追求。

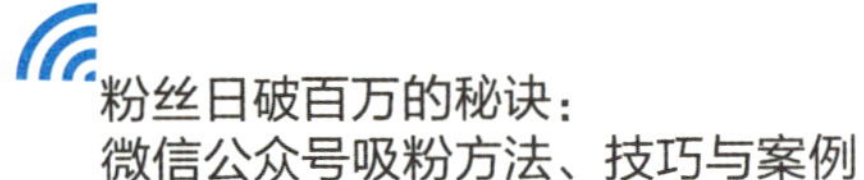

2.2

名字响亮，粉丝不由自主去加你

2.2.1 公众号命名唯一的规则

2016 年 4 月 19 日，微信团队对微信公众号的命名规则进行了适度调整，所有上线平台均执行命名唯一的规则。不管是申请认证的公众号还是刚刚注册的公众号，都将实现全平台命名唯一。那么什么是公众号平台命名唯一？你对公众号命名唯一又了解多少呢？

微信公众号命名唯一

1 命名唯一规则解析

2 名称被占怎么办

3 命名唯一出现的原因

4 命名唯一带来的影响

命名唯一规则解析

试想一下，我们平时搜索公众号时通常采取什么方法：扫描二维码？搜索ID？抑或是直接搜索名称？当然，对于大部分用户来说，搜索名称相对来讲更加方便一些。但众所周知的是，当我们搜索自己想要查询的公众号名称时，一大堆相似的名称就会瞬间映入眼帘，有的甚至头像都是一模一样，这样很容易误导用户。如今，微信公众号发布了命名唯一的规则，目的就是为了帮助用户更加精确、快速地识别和定位公众号，同时也使得公众号运营者更易获得有效目标粉丝。这就意味着公众号名称唯一规则将会在微信平台中逐一得以实现，未来的所有公众账号名称都将是唯一的。

名称被占怎么办

当我们的公众号名称被占用时该怎么办呢？

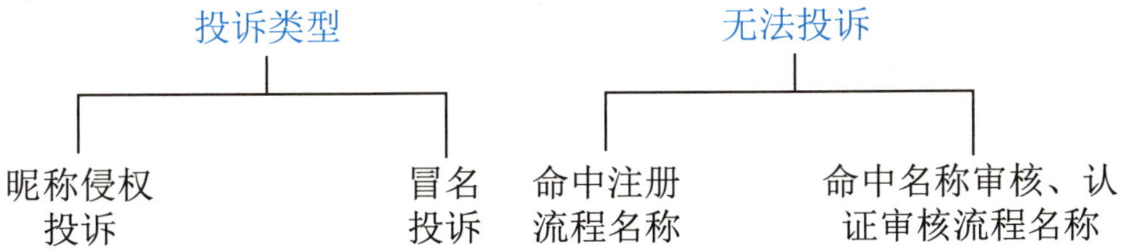

公众号名称被占用我们首先想到的就是投诉，目前的投诉类型有两种：

◆昵称侵权投诉

公众号运营者对自己的商标、企业名、机构名和个人姓名都有名称使用权利，当昵称受到侵权后，我们可以通过提供使用权证明来进行投诉，一旦投诉成立，该昵称就会被设置一定的昵称保护期限，若在期限之内被投诉人申诉失败或者没有进行任何申诉，那么投诉人就可以维护自己的昵称使用权利，继续使用该昵称了。

◆冒名投诉

当我们的公众号名称受到其他公众号名称故意混淆时，我们可以以冒名侵权为由，提出混淆证据，一旦混淆事实成立，我们就可以继续使用自己的名称了。

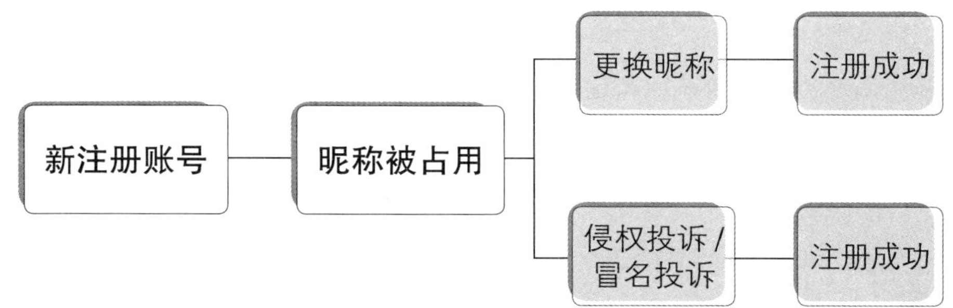

当我们想要投诉时，有时会发现被占用的名称正在申请的过程当中，无法进行投诉，这时该怎么办呢?

◆命中注册流程名称

当我们命中处于注册流程锁定中的名称时，是可以进行正常投诉的。

◆命中名称审核、认证审核流程名称

当我们命中名称审核、认证审核流程名称时，则需要耐心等待所有流程结束后才可以进行投诉。

需要大家注意的是，在命名唯一规则下，认证过的账号想要重新认证时，原名称不再有一年保护期，而是迅速得到释放，供其他用户使用。

命名唯一出现的原因

命名唯一出现的原因

1 冒认

2 同名认证

3 抢注

命名唯一之所以出现，与之前频繁发生的同名认证、冒认和抢注有极大的关系。

◆同名认证

2015 年底，微信公众号有关同名认证的“狗血剧”频繁发生，“毒舌电影”、“同道大叔”、“玩车教授”和“她刊”等知名公众号都深陷其中，这也是微信调整命名规则的重要原因之一。

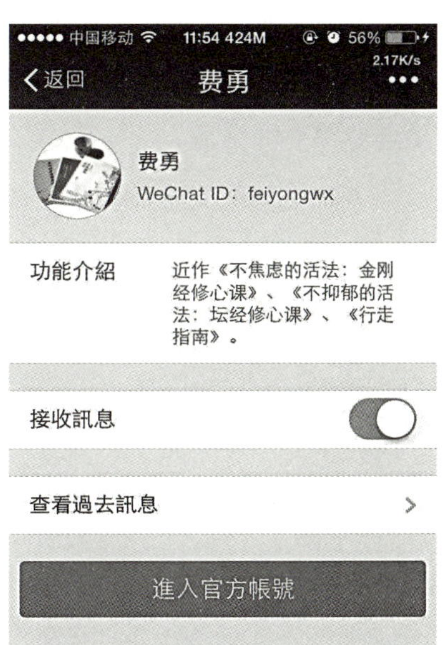

◆冒认和抢注

2014 年底，“一条”和“视觉志”等知名公众号均受到了小号的抢注。2016 年，知名作家和学者费勇的身份和名字也被其他人冒充注册了微信公众号。在这种情况下，微信执行命名唯一可谓势在必行。

命名唯一带来的影响

命名唯一的影响

1 命名唯一之于公众号

2 命名唯一之于用户

3 命名唯一之于平台

◆命名唯一之于公众号

命名唯一使得公众号品牌效应得以显现，独特品牌也使得品牌溢价增加。与此同时，公众号名称的辨识度得到进一步加强，目标用户群流量也得到相应增加。此外，由于品牌得到了一定保护，公众号的潜在价值也得到了提高。在这种情况下，公众号可以省去各种维权的烦恼，集中精力将工作重心放到内容原创上来。

◆命名唯一之于用户

正如前面提到的，用户搜索公众号时通常会出现多个类似账号混淆现象，有了命名唯一规则，公众号的辨识度就会得到提高，用户识别和定位公众号也会变得更加精准。

◆命名唯一之于平台

命名唯一将会使得那些恶意利用知名公众号运营的账号丧失存在的基础，对整个平台的良性发展起到积极的作用。

2.2.2 公众号起名的 4 大原则

很多个人或企业在为自己的公众号起名字时过于草率，等认证过后却想要重新修改名字，遗憾的是，虽然以企业为主体注册账号认证时有一次改名字的机会，但以个人为主体注册认证过的公众号名字却是不能随意修改的。因此，起好名字不仅对于公众号的传播来说至关重要，同时也是走好微信运营的第一步。那么怎样为公众号起名字才不会后悔呢？

公众号起名字讲究四大原则：

符合搜索习惯原则

通过微信后台的数据分析我们不难发现，总有一部分用户是通过搜索名称来关注公众号的，因此为自己的公众号起一个符合用户搜索习惯的名字就至关重要了。举一个例子，当用户想要学习SEO又不知道哪个公众号做得好时，通常会直接在微信里搜索关键词 SEO。基于这种情况，如果你的微信公众号做的就是有关 SEO 的内容，名字里面就一定要有 SEO，这就符合了用户的搜索习惯。与此同时，最好以企业为主体注册公众号并通过验证，这样会为自己的公众号带来更多的自然粉丝。

突出定位原则

所谓突出定位原则，就是公众号名字要让用户一看就大概清楚你是干什么的。以“十点读书”公众号为例，用户一看这个名字就会猜想：这个公众号是关于阅读的，可能是每天 10 点推送一篇文章，或者一本书的章节。用户猜想的部分细节可能与公众号运营有出入，但整体定位通常是不会出错的。因此，在为自己的公众号起名字时，一定要突出定位，不用过于模糊的字眼混淆视听，这样才能更容易让目标用户找到你。

简单易记原则

简单易记就是让用户看到你的公众号名字后知道它是什么意思，记起来也比较简单。例如“老板圈子”公众号，用户通过名字不但能够知晓公众号的定位，还能轻轻松松就记住。但有的公众号既包括汉字又包括英文，用户想要搜索必须复制粘贴，这样别说记住了，就是手动输入都有可能出错，从而给用户带来搜索上的麻烦，并因此损失掉一些日标用户。

不落俗套原则

所谓的不落俗套指的是不使用太过普通的名称。假如你是做装修的网站，又来自上海，公众号名字起为“上海装修”，这样过于通俗的名字不但不方便用户查找，也为公众号运营者自身带来了麻烦。想要做好本地公众号，建议大家在名字中加入一些区别性、特色性词语，如“上海装修”可以改为“上海爱心装修”等，这样就可以不落俗套，从而避免损失目标用户的可能性。

2.2.3 公众号起名的 8 个技巧

对于一个公众账号来说，不管你的内容做得有多好，服务做得有多到位，没有起好名字就很难得到关注，而没有关注的公众号是很难实现其自身价值的。与此同时，公众账号的名字和账号设置只有一次机会，因此掌握一定的起名技巧就变得尤为重要了。这一节我们就教大家掌握微信公众号起名字的技巧。

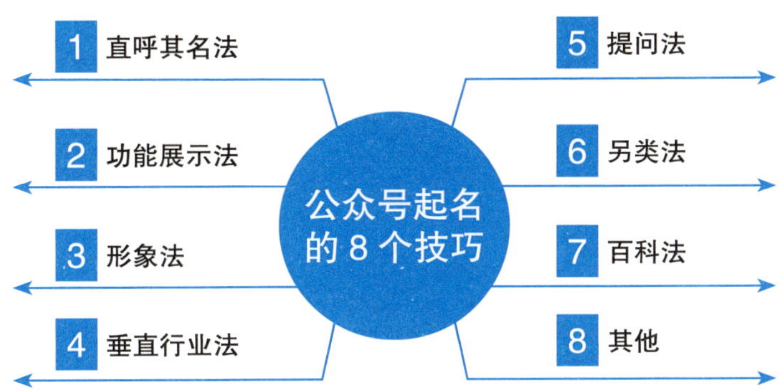

技巧一：直呼其名法

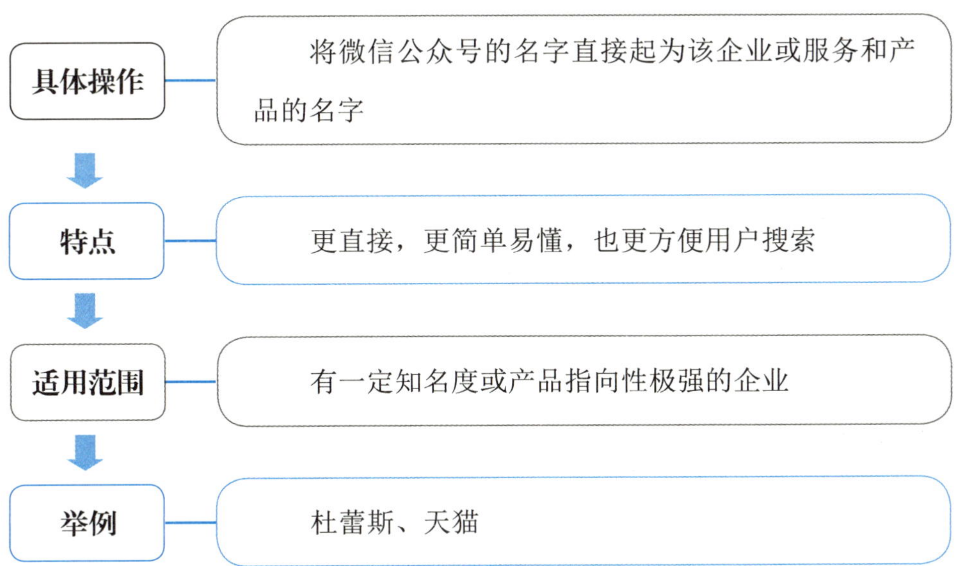

【案例分析】如“杜蕾斯”、“天猫”等公众号，几乎人人都知道杜蕾斯和天猫，因此想要关注其公众号的用户通常会直接搜索它们的名字，如果这些商家的公众号不是自己的“本名”，就会损失一大批潜在用户。

技巧二：功能展示法

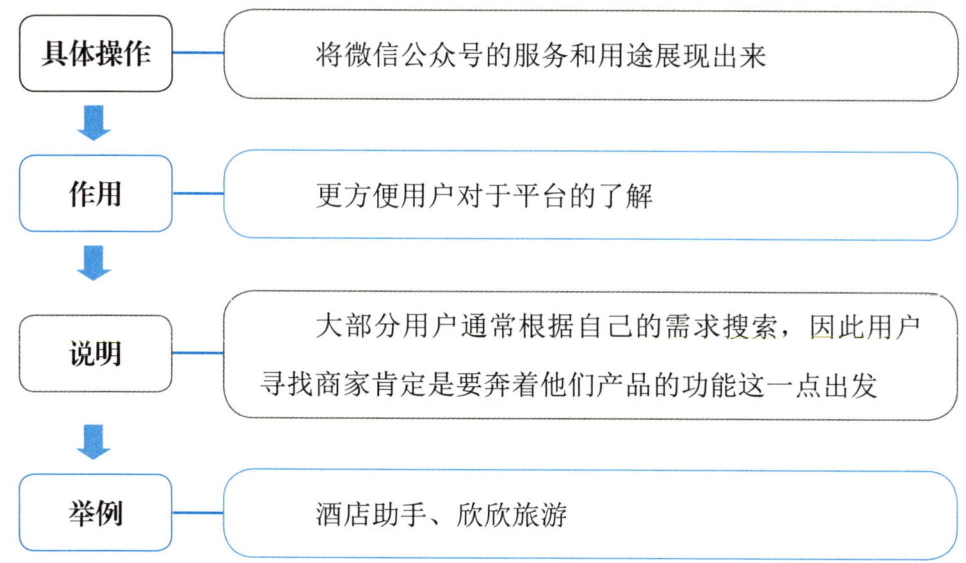

【案例分析】比如用户想要出去旅游，肯定会搜索关键词“旅游”，出门想要住酒店了，肯定也会搜索“酒店”这一关键词。这方面的例子有：“酒店助手”、“欣欣旅游”等公众号。

技巧三：形象法

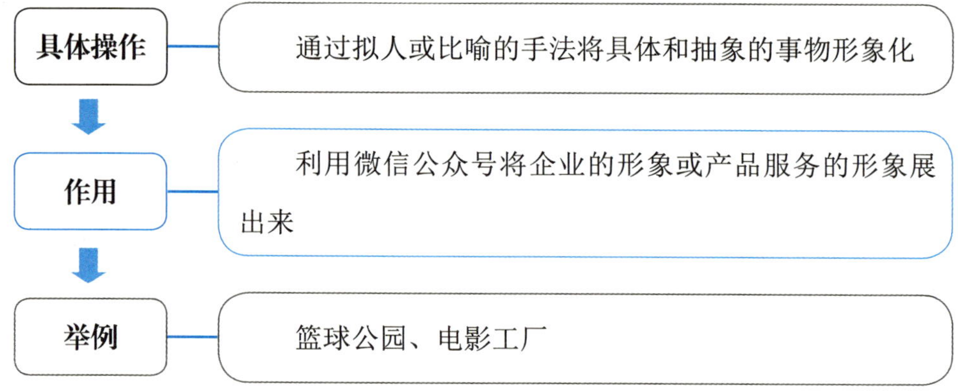

【案例分析】以公众号“篮球公园”为例，它是篮球体育资讯的公众号，

利用比喻的手法将体育资讯比喻为公园，既形象又合理，受到了广大用户的追捧。类似的公众号还有“电影工厂”，指的是帮助用户找到自己最想看的电影等。

技巧四：垂直行业法

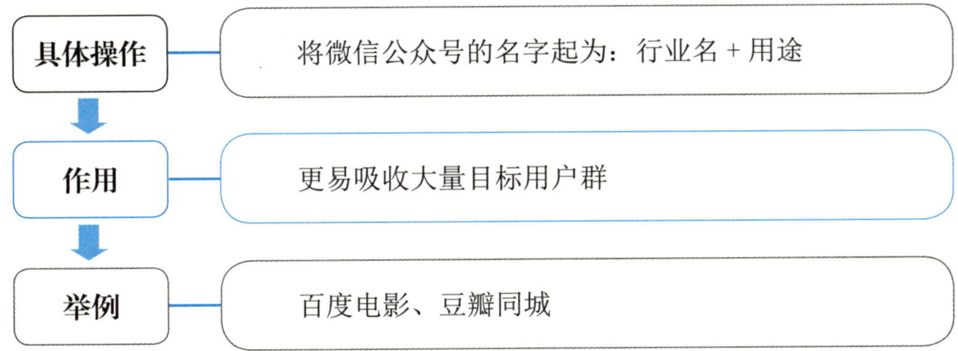

【案例分析】以公众号“百度电影”为例，微信公众号在起名字前除了要清楚自己的主体用户是谁之外，还应该明白自己的公众号面对的是什么行业。百度旗下的分类很多，当有了“电影”做向导时，就可以吸收大量具有电影类需求的目标用户群了。

技巧五：提问法

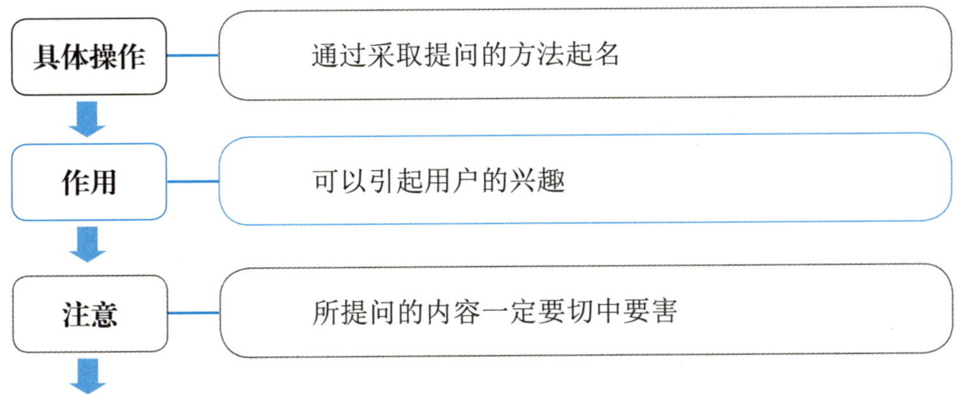

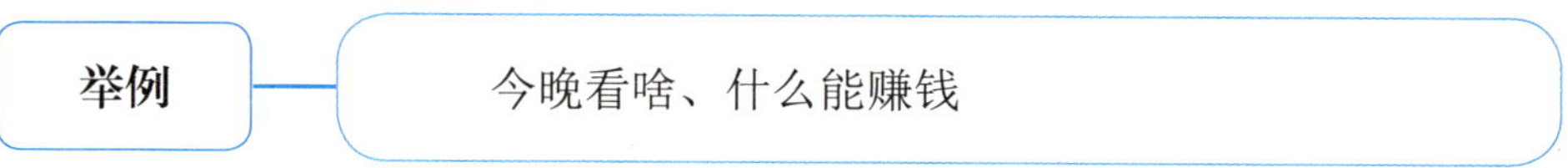

【案例分析】比如“今晚看啥”公众号，很容易引起用户的认同和兴趣，他们会想：“是呀，今晚看啥呀？”因此很容易会关注这一公众号。同样还有公众号“什么能赚钱”，这年头谁不想赚钱，一下子就引起了用户的兴趣，使他们迫不及待地想看看到底什么能赚钱，因此也会很容易关注该公众号。

技巧六：另类法

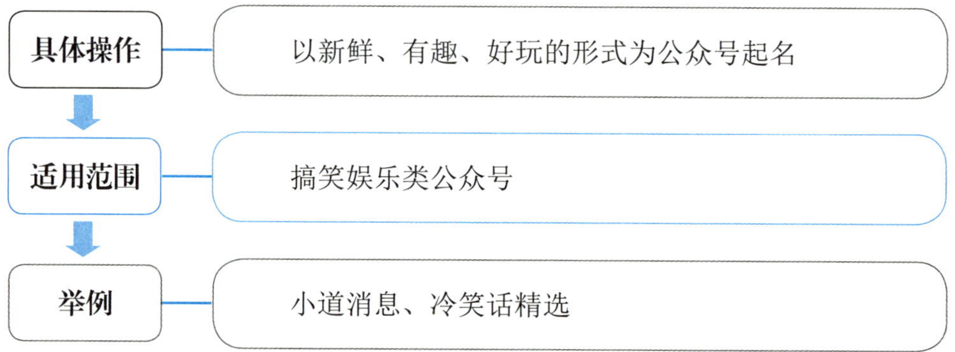

【案例分析】“小道消息”公众号和“冷笑话精选”公众号，一看名字就猜到内容肯定是搞笑、新鲜又有趣的。这类起名的方法较为灵活，其目的就是吸引用户的眼球，因此在不违反法律和行业规则的前提下，越另类越好。

技巧七：百科法

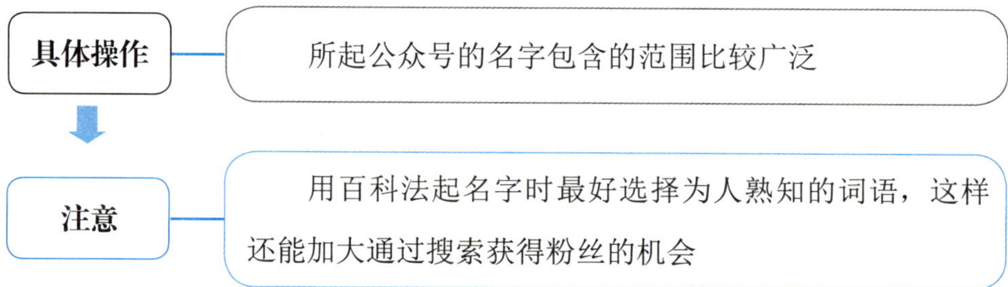

举例 —— 时尚生活小百科、糗事百科、健康生活百科

【案例分析】“时尚生活小百科”、“糗事百科”和“健康生活百科”等，通过观察我们不难发现，这样的公众号形式通常是一个方向加上“百科”或“小百科”字样。这一方向的范围比较广泛，因此抢先起到名字会更易获得大量粉丝。

技巧八：其他

除以上技巧之外，还有很多其他的取名方法。例如从我们的生活和地域等大家比较熟悉的角度着手，同时还可以参考百度指数，观察人们对某件事情或某一问题的关注度等。与此同时，企业的名字还可以使用“区域 + 行业”的形式，如“西安汽车美容”、“杭州房产”等。

起名字的技巧掌握了，那么微信账号 ID 又该如何设置呢？通常微信账号 ID 遵循以下几种设置规则，下面我们就一起来看一下吧！

类型	举例
全拼	深夜发媸：shenyefachi
全拼 + 英文	一条：yitiaotv
全拼 + 数字	行动派 Dreamlist：xingdongpai77
全拼 + 设立年份	利维坦：liweitan2014
拼音首字母 + 英文	毒舌电影：dsmovie

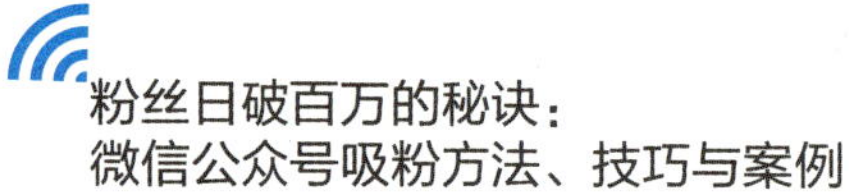

拼音首字母 + 数字	印象笔记：yxbj100
拼音首字母 + 设立年份	创意文字坊：cywzf2013
一半拼音 + 一半首字母	吴晓波频道：wuxiaobopd
拼音解意	十点读书：duhaoshu
谐音拼音	傅踢踢：futeetee
英文	为你读诗：thepoemforyou
英文 + 设立年份	单向街书店：onewaystreet2013
英文解意	文案摇滚帮：ideakick
网址	虎嗅：huxiu_com
同微信号	BetterRead：BetterRead
模仿苹果产品（iPhone、iPad）	共识网：igongshi
采用格式：iam×××（我是某某某）	NewbeeRen：iamnewbeeren
归属方 + 全拼	鬼脚七：taobaoguijiaoqi
嵌入公司或产品名	孕峰：yunkejiAPP
产品 + 名人	ONE·文艺生活：one_hanhan
搞怪	不正常人类研究中心：hahabzc
个性	乌云装扮者：daclods

为公众号起名，这两种心态要忌讳：

1. 我很牛，我很重要

用自己的名字或名字的部分做公众号的开头只适合名人，因为他们的名字已与某个行业建立了联系，如高晓松与《晓松奇谈》，用户一看这些人的名字就知道该公众号是什么内容。但对于大部分人来说，用户根本不知道你想要卖什么，如果一个姓吕的人做自媒体，名字叫作“吕媒”，那就是任性自封，自我感觉很重要，但用户根本不知道你要干什么。

2. 我觉得好就是真的好

有些人为公众号起名字时，自己感觉好就会想当然认为用户们都会感觉很好，这样的人属于自嗨型。自嗨型的人分为三种情况。

◆想当然认为用户跟自己的想法一样；

◆利用形而上的意义将公众号名字往高拔，如卖体育用品的公众号起名为“健康长寿”；

◆随随便便就把营业范围扩大了，如王麻子卖剪刀，本来简简单单“王麻子剪刀”这个名字就很好，非改成“王麻子铁制品”或者“王麻子裁剪工具”等；

用自嗨的心态给公众号起名会让用户觉得无所适从，甚至引发反感，对公众号产生不好的印象。

通过学习以上微信公众号起名方法，相信你也能为公众号起一个出色的名字了。

2.2.4 选择一个吸引人的头像

为公众号选好名字后，就要考虑头像的设置了，霸气侧漏的名字当然不能配一个灰色头像。那么如何选择头像才能更加吸引人呢？

好的显示效果

很多人的公众号头像都是在电脑上制作完成后上传的，殊不知电脑上看起来赏心悦目的图片在手机上看效果未必好，因为手机上的图片会将 PC 端图片按照一定比例进行缩小，当一张图片缩到只有指甲盖大小的时候，图片中的文字和画面可能就会完全看不清楚。

解决方法：为了让自己的公众号头像能够清楚显示，建议大家先在微信号上做一下测试，需要注意的是，微信公众号头像每个月只能修改一次，我们要尽量确保自己的公众号头像在缩小后，相关内容和图像也能够清楚显示出来。

好的头像设置

确保显示效果良好后，必须要有好的头像设置做基础。头像的选择有以下几种方法：

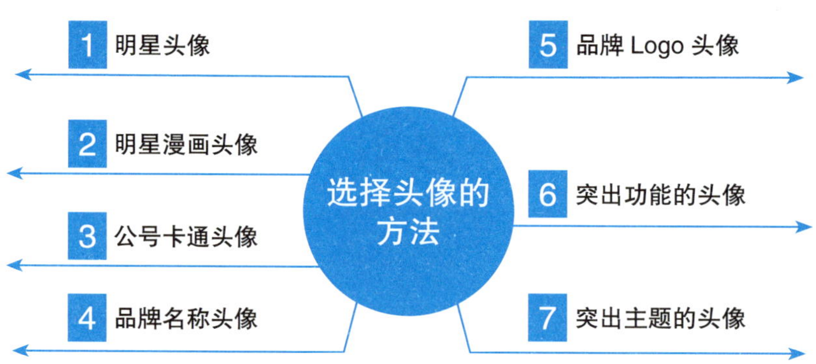

◆明星头像

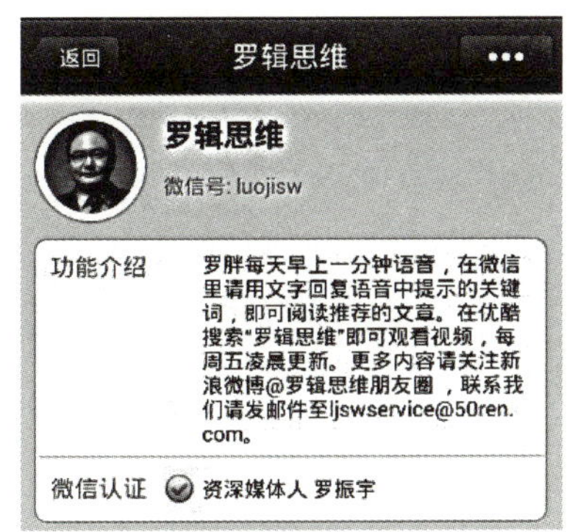

设置相关明星头像对公众号有极大的推广作用，但需要注意的是，既然选择了明星头像，就一定要确保其辨识度够高，不要过于抽象或者走样，这样反而会让用户看到后生疑。

◆明星漫画头像

明星漫画头像相比真实头像来讲更加呆萌可爱，但同样需要注意辨识度的问题，不要让用户看后摸不着头脑。

◆公号卡通头像

公号卡通头像同样有可爱的特点，有的甚至是集可爱与搞笑于一体，以“英国那些事儿”为例，其卡通形象是一个围着英国国旗头巾的小女孩，小女孩既有亲和力又不失可爱，整个头像也表明了主题，是非常好的利用公号卡通形象做头像的案例。

◆品牌名称头像

品牌名称头像就是利用自己的品牌名称来做头像，典型的例子就是“雕爷牛腩”，在其头像中，左上角是一个形象的牛头来代表“牛”字，其他几个字则用繁体的汉字表示，十分具有文化韵味。不得不说，“雕爷牛腩”就是用这种方法将自己的公众号主题表达得相当到位，让用户看了后觉得非常有意境。

◆品牌 Logo 头像

利用品牌 Logo 来做头像需要满足以下几个条件：

1. 品牌广为人知；

2. 品牌 Logo 简单明确，用户一看就知道；

3. 品牌 Logo 有简明文字；

◆突出功能的头像

突出功能的头像就是头像要突出公众号的功能，以“汽修大师”为例，公众号的功能就是为汽车维修师提供技术支持与交流、资料查询、故障咨询等，而该公众号的头像就是一个汽车维修工拿着一个轮胎，用户一看这个头像就知道它是干什么的。

◆突出主题的头像

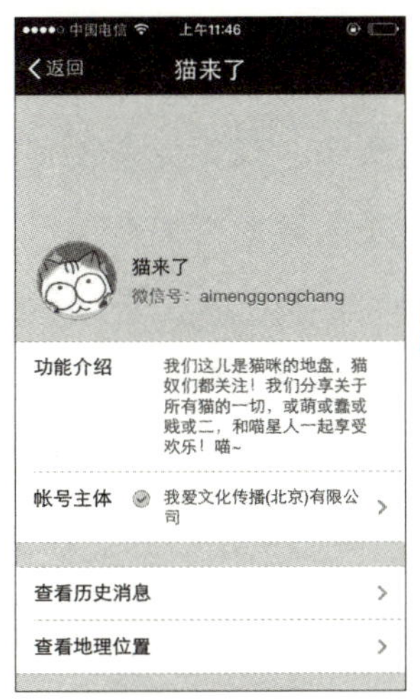

突出主题的头像就是头像要突出公众号的主题，以“猫来了”为例，其公众号主题就是救助流浪猫，而头像又选择了一只辨识度很高的小猫，用户在几十个公众号里也能找到这只小猫。

除以上介绍的几种选择头像的方法外，我们还可以根据文章风格来选择合适的头像。还有很多人喜欢使用有意境的图或者表现深刻寓意的图做公众号头像，但需要注意的是，意境图如果过于讲求意境会让用户摸不着头脑，同样的道理，寓意过于深刻也会让用户感到莫名其妙。公众号运营者需要规避此类问题。

2.2.5 【案例详解】“视觉志”尽情发挥名字魅力

“视觉志”是一个以分享图片为主的微信公众账号，内容涉及音乐、电影、读书等领域，为了满足粉丝的不同口味，

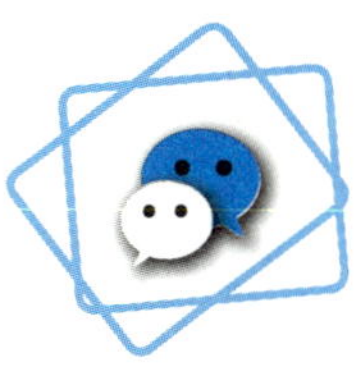

它在内容发送上采取了文字、影像和音频等诸多形式。到目前为止，“视觉志”的粉丝已突破300万大关，仅凭广告收入就能让这个团队“吃饱”。当然，视觉志的成功在很大程度上取决于其内容的强大魅力，但是它的名字在吸粉方面发挥的作用同样不可忽视。

从名字上看，“视觉志”属于内容类型的名称，利用的是功能展示法。我们一看到“视觉志”这几个字，就能猜想出它的目标群体、内容形式以及价值理念。因此，通过这个名字，它的服务和用途都被很好地展现了出来，既让用户加深了对于平台的了解，又让用户可以精准地识别出这个公众号。可以说，“视觉志”这个名字使其在成立初期就吸引了一大批粉丝的关注，在此基础上，因为好的内容推送和精细化管理，使它的粉丝群越来越壮大，粉丝黏度越来越高，从而达到了今天的规模。

2.3 做优质内容，通过传播疯狂吸粉

2.3.1 好内容的四大要素

微信公众号不管是吸粉还是维护粉丝，都离不开优秀的内容作保障。那么一篇好的公众号文章必须要具备哪些要素呢？

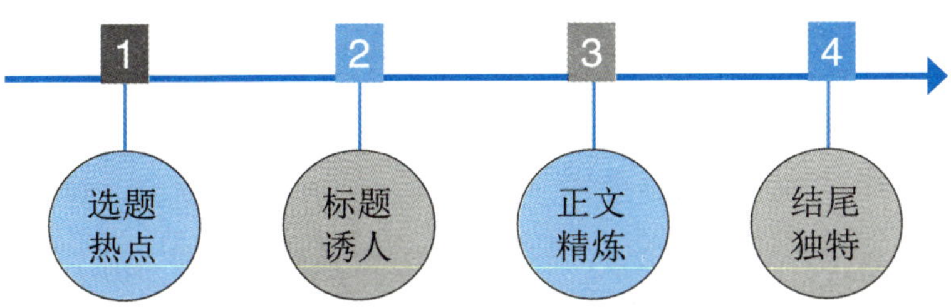

选题热点

想要做好内容，首先要做好选题，那么如何来选材呢？当然是用户喜欢什么我们就选什么。因为用户喜欢搞笑段子、脱单和减肥等题材，所以才有了红遍网络的“友谊的小船说翻就翻”以及众人疯狂追芈月传的现象，随之而来的热点标题有“追芈月传老鲜肉，不如看五条金庸笔下好汉子”。虽然热点话题说变就变，但只要迎合用户的喜好就永远都是热点。好的选材必须要符合用户的需求，让自己的领域与热点挂钩才能引起用户的共鸣。

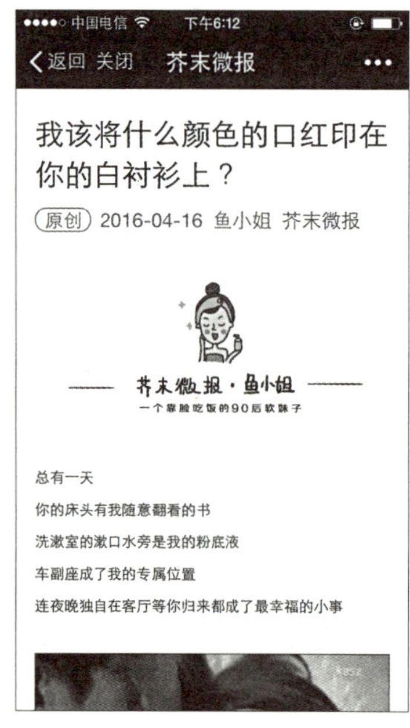

标题诱人

标题做得诱人才能引发用户的好奇心和关注兴趣，可以说用户会不会点你的文章，靠的就是标题诱惑。以“芥末微报”为例，其独具一格的文笔吸引了一大批粉丝的关注。如标题“我该将什么颜色的口红印在你的白衬衫上”？虽然看似朦胧，但适当的留白却成功挑起了用户的好奇心，使其忍不住想要点进去一探究竟，这就是标题产生的引导作用。

正文精炼

有了好的标题，还需要精炼的正文内容。正文内容一定要有重点，并且需要进行简化，不要废话连篇。同样以“芥末微报”为例，口红和衬衫这一故事将以怎样的形式展开？作者不但将场景进行了细化，还将角色代入其中。让用户感觉自己不再是奔命于工作的上班族，而是依偎在爱人身边的可人儿。整篇文章看完内心会荡起小小的波澜，想不转发都难。

结尾独特

上学期间语文老师就不断教导我们：写作文结尾很重要！公众号想要做好内容，结尾同样发挥着不可估量的作用。以“六神磊磊”为例，惯以讽刺为名的“六神磊磊”擅长将热点嫁接到对金庸小说人物角色的讽刺上来，其独特的见解通常也会放在文章内容的末尾，利用不一样的观点吸引了众多粉丝的关注和转发。

2.3.2 采集内容的渠道

微信公众号若想获得较多的粉丝数量，除了要做好外部推广之外，还要打造优质内容。那么，怎样才能打造优质的内容呢？除了自己的原创内容之外，就不得不提到其他渠道的内容转载。下面，我们就看一些采集内容的渠道。

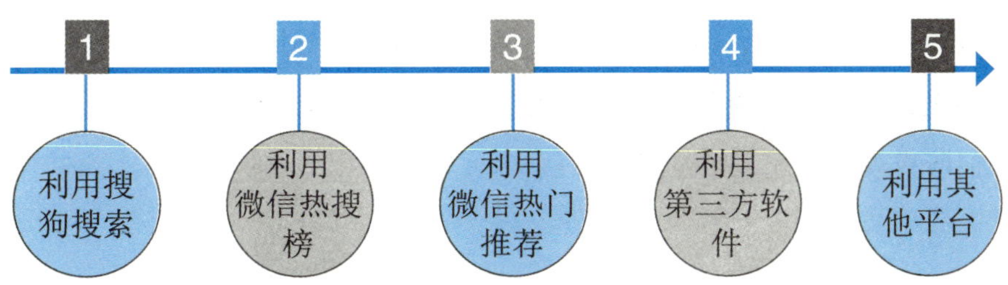

利用搜狗搜索

想要利用搜狗搜索寻找内容资源，首先我们要为自己的公众号做好定位，然后在搜狗搜索框中输入与之相关的文章或公众号即可。例如公众号“被震惊了（beizhenjingle）”就可以直接在搜狗上搜索“震惊”来查看相关文章或公众号。

经过查阅后，我们就可以了解人们最常搜索的相关内容，知道人们最喜欢哪些类型的相关文章，同时还可以在此基础上揣摩用户心思，将搜索到的好内容转载到自己的公众号平台上来。

利用微信热搜榜

随着微信的火热，微信热搜榜的传播价值也变得日益高涨。微信热搜榜展示的是当天搜索量最高和最热门的内容，因此借助微信热搜榜我们可以了解人们所喜欢的话题和热点内容。

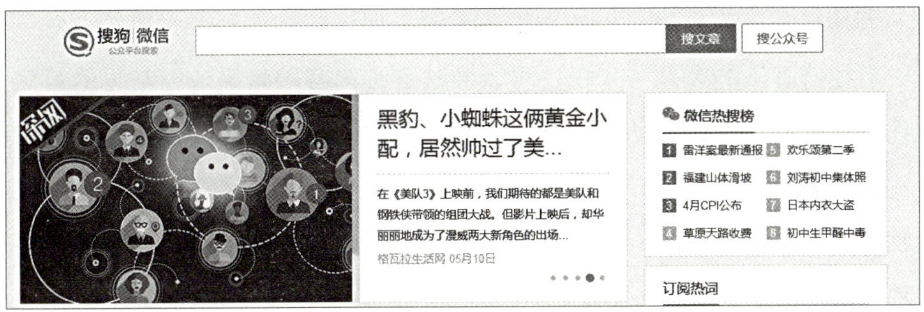

利用微信热门推荐

微信热门推荐所展示的都是大号内容，既然是大号，肯定有值得我们学习和借鉴的地方，例如封面、引导、内容和排版等，这些大号通常一到两个小时之内就可以达到阅读量十几万，不仅体现出其高粉丝量的价值，同时也说明它们的内容和引导做得较好。其中热门推荐都是当日的热点话题，我们也可以从中选择与自己公众号相关的内容来进行充分利用。

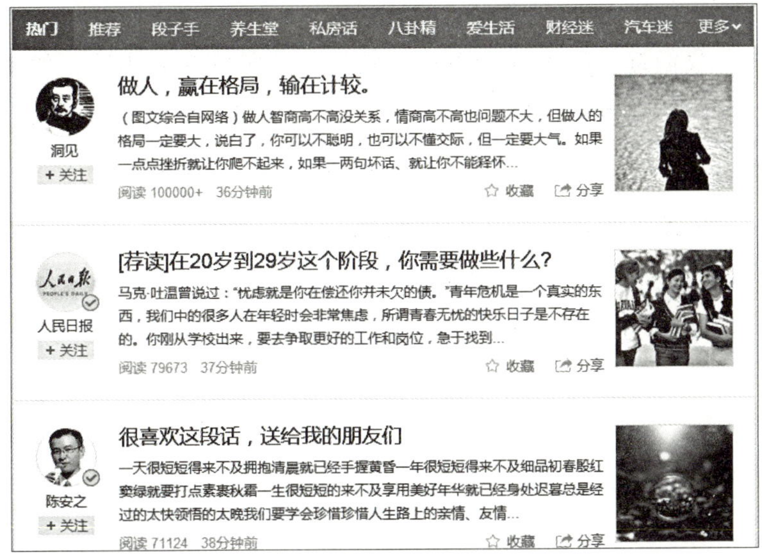

利用第三方软件

利用第三方软件也可以找到很多资源，但这些软件都是付费的，对于具备一定经济基础的公众号来说，可以尝试这种内容搜索渠道。常见的第三方软件是西瓜助手。西瓜助手在寻找素材方面的选择性相对比较多，如果想要寻找视频素材，直接选择视频类素材即可。此外，利用第三方软件还可以帮助我们找到违规内容，以西瓜助手为例，它用浅色字体将违规内容标了出来，非常方便我们查看。

需要注意的是，第三方软件只负责收录公众号，并没有将文章进行择优处理，因此还是有一定局限性的。

利用其他平台

还有很多其他的平台也是不错的采集内容渠道，例如微口网和爱微帮等。这些平台都是免费的，不仅投入成本低，还能帮助我们找到想要的内容。但与付费平台相比，在这些平台搜索内容需要投入大量的时间成本，运营者需要根据自己的情况，适当利用此类平台。

此外，我们选择的大部分有价值的内容通常都会有水印，如果带着水印使用就相当于免费在给别人做广告。想要去除图片上的水印可以直接使用PS，但想要去除视频上的水印相对就比较麻烦，会花费大量的时间。

总之，想要找到好的资源渠道就要下足功夫进行研究，通过不断的积累和再加工，才能更易做出优质文章。

2.3.3 如何写好内容标题

很多公众号内容做得好，但是阅读量却一直提不上去，这是为什么呢？主要原因就在标题上，所谓“题好一半文”，好的标题是公众号产生广泛传播效应的重要前提。那么，如何才能写好公众号的内容标题呢？

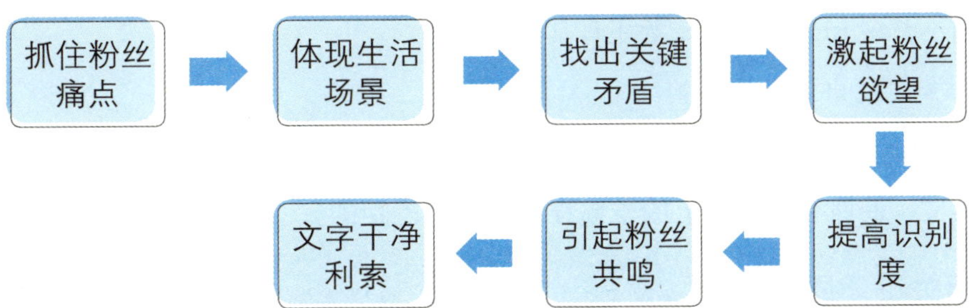

抓住粉丝痛点

抓住粉丝痛点就是要把粉丝最关心的要点体现在内容标题上。如正和岛公众号上所发表的一篇文章，标题是：

如果你读不完《失控》，至少可以读完这 50 条书摘 | 收藏吧（2 天，阅读 1 万 +）

作为 2014 年互联网经典读物，《失控》最大的特点就是厚重，大多数人很难看完，所以找出书中的精华书摘是一个很好的分享角度。那么接下来就是找出粉丝的痛点了：

◆痛点一：《失控》，核心粉丝基本上都知道这本书。

◆痛点二：厚重看不完，多数核心粉丝均承认没有读完这本书。

◆痛点三：50 条书摘，阅读压力马上减小。

◆痛点四：收藏吧，担心还是读不完，推波助澜一把，让粉丝收藏。

只要把痛点提炼出来，那么写标题相对来说就变得简单多了。

体现生活场景

越贴近生活场景，越容易受到粉丝的关注。其实我们日常生活的场景有很多：出门挤公交、路上打车、上班加班、租房买房……只要标题能够体现日常场景，那么被点开的几率就会大大增加。如下面这篇文章标题：

做 PPT 时，如何突出中文字体的美感与力量（1 天，阅读 1000+）

这个标题体现的就是基层员工的常见工作场景：做总结、做方案、做展示，都离不开做 PPT。这篇文章还有其他的标题：

如何突出文字的力量

这个标题很明显体现出场景弱化的倾向，因为标题中并未点明是中文还是英文，而两者在设计上的难易程度也是有差距的。

找出关键矛盾

前阿里高管“鬼脚七”曾经写过一篇文章，标题是：

打车软件和出租车司机的命运

有专业人士读过这篇文章之后提炼出了文章的关键信息：前阿里高管、打车软件火拼、最终的受害者，并给出了新的文章标题：

前阿里高管解密：打车软件火拼，最终受害者是出租车司机……（2 天，阅读 4000+）

很明显，知道阿里的人要多过知道“鬼脚七”的人，所以将“前阿里高管”提炼出来，更具权威，而粉丝通常会对“受害者”这样的字眼比较敏感，关注度也比较高，所以找到关键矛盾形成冲突，一个标题就拟好了。看到“前阿里高管解密：打车软件火拼，最终受害者是出租车司机……”这样的标题粉丝会产生疑问：打车软件火拼，怎么受害者反倒成了出租车司机？难道他们不是最大的受益者吗？带着这样的疑问，还怕粉丝不会点开你的文章吗？

激起粉丝欲望

写标题时，不要将全部关键点暴露给读者，否则知道了结果谁还愿意点开读下去。以下面的标题为例：

王兴：互联网会根本改变所有行业，但不一定发生在最底层

王兴：我最近正在读 1 本书，思考 3 个问题……（1 天，阅读 1000+）

同样的文章，两个不同的标题，点开第二个标题的粉丝数量就会更多一些，因为第二个标题贴近我们的日常生活，读者看到后就会想：王兴到底在思考什么问题呢？于是会禁不住点开。总之，我们要在标题中体现出人们关注的内容，在引起读者的好奇心之后让他们点击进入，在文章内容中寻找答案。

提高识别度

我们首先要对知名度和识别度做一下区别。知名度是指人们都知道的人物或者企业，如柳传志、阿里巴巴等；而识别度指的是人们听到某个名字后就会产生的标签化印象，如罗辑思维和罗振宇等。

公众号标题里一定要有鲜明的识别度，用标签和个性化内容代替传统的名人效应。比如谷歌创始人拉里·佩奇，名声足够大，但对于中国人来说，说“谷歌创始人”要比说“拉里·佩奇”更具识别度。同样的道理，“徐志摩前妻”也比“张幼仪”更有识别度。我们一起来看一下相关的标题：

谷歌创始人“公开羞辱”员工后的第二天……（1 天，阅读 1000+）

徐志摩前妻：身为备胎，却活出女神范儿……（2 天，阅读 6000+）

引起粉丝共鸣

与粉丝扯上关系，让粉丝感同身受，觉得这篇文章就是自己生活的缩影，就是写给自己的，这样的标题才能真正俘获粉丝的心。请看下面的例子：

◆我还年轻，让我再穷一会儿……

这个标题戳中了无数年轻人青春无悔、努力奋斗的心，带着自嘲的口气，不仅体现了青春梦想的闪光，同时也是对心灵的一种慰藉。

◆你有没有玩命爱过一个姑娘?

这个标题戳中了绝大多数男士的心，谁没有过青春，谁没有过回忆，小小的提问激起了无数人的感想，触动了无数人的内心。

文字干净利索

做到文字干净利索虽然不需要什么技术，但对于语感的要求却很高，也没有特定的规律可循。我们先来看一个例子：

万能的面馆，是如何用一条微博引爆传播的？

万能面馆，如何用一条微博引爆传播？

第二句只删了三个字读起来就顺畅多了。

当我们想要加强语气时还可以使用反问或设问语气。总之，语言既是一门技术又是一门艺术，我们要抱着严谨的态度多多观察、模仿和学习，才能写出真正令人印象深刻的标题和文章。

2.3.4 必知 6 大写作技巧

对于公众号内容来说，一次分享就可以为其带来很大的价值，而想要粉丝分享你的内容，就要花时间来分析和学习那些转载量高的文章。下面我们就来介绍一些能够引发高转载量的公众号内容写作技巧吧！

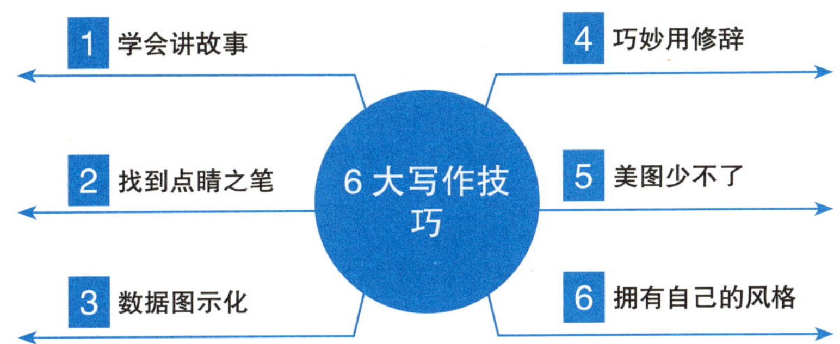

技巧一：学会讲故事

如果仔细研究那些编译和改写外媒报道的公众号文章你就会发现，这些公众号经常会讲一些小故事来吸引粉丝。学会讲故事是公众号的必备写作技巧之一。在讲故事之前，你首先要弄清楚自己想要传达给粉丝什么样的核心观点，然后让整个故事都围绕这个核心观点来进行。要知道，所有粉丝关注公众号的最终目的其实是关注自己，因此公众号做内容一定要弄清楚你的粉丝是谁，从粉丝的角度反过来推导自己故事内容的创作。讲故事要时刻考虑以下几点：

1. 我的故事能让粉丝了解他们不知道的事情吗？
2. 我的故事能为粉丝带来真正的价值和好处吗？
3. 我的故事能引起粉丝情感共鸣从而采取一定的行动吗？

技巧二：找到点睛之笔

在移动互联网时代，人们的碎片化时间得到了充分利用，而粉丝的时间就是公众号竞争的重中之重。想要将粉丝的碎片化时间集中到自己的公众号上，就要将公众号内容做得简洁通俗，不要废话连篇，像做 PPT 一样精简，在每一句话中体现出点睛之笔。

与此同时，文章内容还要直击粉丝痛点，举一个不恰当的例子，类似于“系统提示，您的银行账户因为安全问题需要冻结，账户上的钱应转移到安全账户”之类的诈骗手段之所以能够成功，就是因为其抓住了粉丝的痛点，人人都怕自己的钱会“出事”。撰写公众号内容也是同样的道理，只有真正抓住了粉丝的痛点，才能吸引其关注公众号，甚至付费阅读文章内容。

技巧三：数据图示化

正如上文所讲，用户利用碎片化时间阅读你的公众号内容，换来的大多是一种浅阅读形式，而浅阅读最大的特点就是缺少耐心，这样一来想要获得阅读收获是很困难的。因此，想要让碎片化阅读达到更好的阅读效果，就要用图示代替大量文字和数据，让内容呈现形式更加直观。

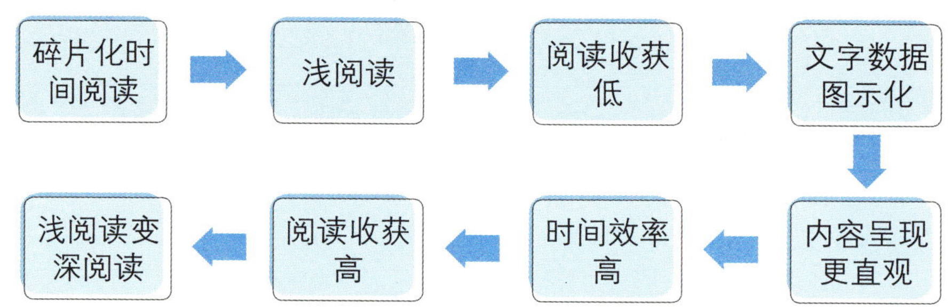

技巧四：巧妙用修辞

语言本身就是巧妙而充满魅力的，部分内容想要精确表达是很困难的，这时候巧妙运用比喻或者隐喻就可以达到意想不到的效果。

以避孕套为例，想要表达避孕套的超薄性能，直接告诉用户只有 0.1 毫米是远远不够的，即便是弄来游标卡尺给用户测量究竟 0.1 毫米有多薄，也不如吹个泡泡与避孕套来比较，更能让用户看后就清楚明了。

技巧五：美图少不了

碎片化时间阅读除了文字数据尽量图示化之外，还要尽可能多地选用精美图片，因为好看的图片和动画，以及短视频更容易吸引粉丝，也更能满足粉丝在视觉方面的需求。需要注意的是，我们花费大量时间和精力选出来的精美图片不一定会真正吸引到粉丝，但如果选错了图片，或者图片使用不恰当，就会让粉丝瞬间产生反感，不愿意再看下去，甚至会取消关注。

技巧六：拥有自己的风格

粉丝关注一个公众号后，就会对这个公众号的大概风格了然于胸，换句话说，每一个公众号在粉丝心中都有个无形的标签和定位，在这种情况下，粉丝会对不同的公众号抱有不同的期待。因此一定要拥有并保持自己的风格，让粉丝提高对你的识别度。当然，人人都喜欢有新鲜感的事物，但创造新鲜感并不等同于不断变换风格，这样粉丝对你的识别度就会降低，并不是个长久之计，因此创造新鲜感是以坚持自己的风格为基础的。我们需要做的是坚持自己的风格，始终如一地将公众号内容稳定在一定的水平上，想方设法让公众号变得越来越好。

2.3.5 原创内容的创作技巧

众所周知，原创内容更有价值和生命力，想要做好原创，必须具备较深的文字功底和表达能力，同时还要对行业背景有较深的理解。那么做原创内容有什么技巧呢？

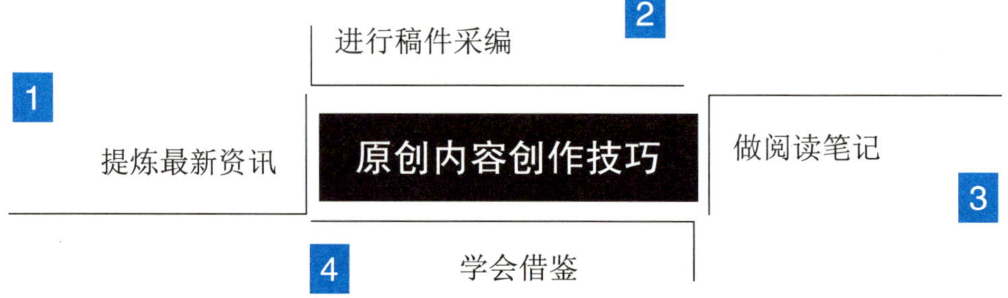

提炼最新资讯

移动互联网的发展使得人们对于信息的依赖和渴望逐渐加深，因此在创作原创内容时一定要紧跟时代潮流，关注各类门户网站及自媒体账号的最新资讯，争取在第一时间写出结合自己理解和评论的文章，从资讯背后深层挖掘，让用户看到更具价值的内容。任何行业都有新资讯产生，所以素材来源不会受到限制，如果写不出深层理解，也可以从细化角度着手，将自己的观点表达出来即可。

进行稿件采编

过去人们常常从报纸和杂志上获取相关资讯，而在移动互联网时代，各种信息网上随处可见，报纸杂志逐渐在被各种新媒体所取代，即便如此，想要将自己的内容写得更有深度，依靠整理网络资讯和别人的观点终究缺少认识上的广度和深度，采编仍旧是必不可少的环节。当然，如果有条件的话可以直接邀约专业人士写稿，但成本相对就高一些。我们可以采访一些相关人士，将他们的想法和观点做一下整理，这样写出的内容深度要比单独查网上资讯更加丰富。采访的方式其实也是多种多样的，除了当面采访外，我们还可以选择电话、邮件、QQ 等聊天工具，只要得到自己想要的内容即可。

做阅读笔记

当我们阅读各类文章时，可以将自己的想法记录下来，同时也可以将自己觉得精彩的地方整理出来，这就是阅读笔记。做阅读笔记可以让我们对文章的理解更加深入，对所学到的知识掌握得更加透彻，同时也是一个学习的积累过程。

对于公众号运营者来说，做阅读笔记本身就是一个体会总结的过程，常做阅读笔记可以积累前人的经验，这对于做原创内容来说具有非常重要的意义。从某种程度上说，只要将自己的阅读笔记与时事资讯互相配合关联，一篇好的原创内容就诞生了。

学会借鉴

文章中的主要观点和技术内容均出自作者本人时，这篇文章就是该作者的原创内容。公众号原创内容同时包括那些部分观点出自他人的文章，这些文章通常在前人的基础上有所创新，并让自己的素材发挥出一定的作用。换句话说，只要不是大幅篇章的复制粘贴，懂得借鉴别人素材的同时，加入自己的观点并进行整合与改进，都可以称得上是原创内容。平时在为公众号做原创内容时，我们可以多看一些报纸、杂志以及各种论坛、贴吧和自媒体账号文章，参考各种“大神”的观点，最后加工汇总成属于自己的新内容。

2.3.6 公众号转载文章要注意的问题

很多公众号因为各种原因很难长期进行原创内容的撰写，所以会选择一些有价值的内容转载推送给自己的粉丝，但需要提醒大家注意的是，很多文章内容是有权限设置的，如果未经允许转载，就属于侵权行为。那么常见的公众号侵权行为都有哪些呢？

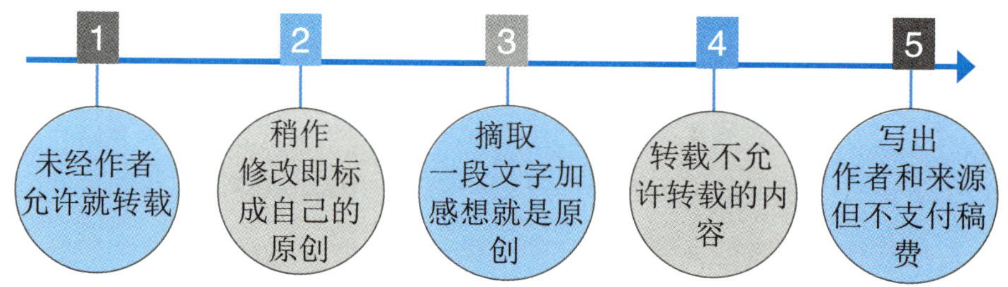

未经作者允许就转载

众所周知，那些独到的观点和论述最能吸引粉丝的注意力，所以一些公众号常常将这类文章转载到自己的公众号中来，殊不知这种未经原创作者允许就擅自转载的行为侵害了原创作者的权利，一旦被发现就需要删除该文章并发表道歉声明，如果严重的话还会赔偿一定的费用。

稍作修改即标成自己的原创

有的公众号不愿意支付原创稿酬，所以将别人的文章稍作修改，换个名字，截掉一部分内容后就当成自己的原创，这种做法是一种侵犯原创署名权、修改权和维护文章完整权利的行为。

摘取一段文字加感想就是原创

部分公众号看到一篇好的文章就会从中摘取一段文字并加上自己的感想称为原创，其实没有经过作者允许就汇编、改编或者摘选文章内容的行为已经侵犯了原创作者汇编权、改编权和维护作品完整的权利。

转载不允许转载的内容

有些原创内容会标明不允许转载，但依然有公众号装作没看见或者利用某些技术手段绕开这种限制继续转载，这种行为侵犯了原创作者的著作权。

写出作者和来源但不支付稿费

想要转载文章，既要通过作者的允许，也要支付一定的稿酬。只写明作者和来源而逃避稿酬也侵犯了作者的著作权。

作为公众号运营者，我们一定要熟知转载文章的相关规定，不要知法犯法，以至于得不偿失。下面我们一起来了解一下相关的法律法规。

《关于规范网络转载版权秩序的通知》规定：

1. 互联网媒体转载他人作品，应当遵守著作权法律法规的相关规定，必须经过著作权人许可并支付报酬，并应当指明作者姓名、作品名称及作品来源。法律、法规另有规定的除外。

2. 互联网媒体转载他人作品，不得对作品内容进行实质性修改；对标题和内容作文字性修改和删节的，不得歪曲篡改标题和作品的原意。

3. 报刊单位与互联网媒体、互联网媒体之间相互转载已经发表的作品，应当经过著作权人许可并支付报酬。

2.3.7 容易被分享的文章的特点分析

我们可以将公众号文章分为三个级别：第一个级别是能够满足用户需求；第二个级别是能够受到用户的喜爱；第三个级别则是能够被用户转发和分享。所有的公众号都应该力求做到第三个级别，这样才能达到推广的目的。那么容易被用户转发分享的文章都有哪些特点呢？

1 与用户相关的内容

2 有感官刺激的内容

3 激发正义感的内容

与用户相关的内容

大部分人在朋友圈分享和发送的文章都与自己的生活息息相关，包括美食、工作、生活、家庭、见闻、喜好和态度等，因此公众号文章想要得到广大用户的分享，就需要以大众生活为主题，如：

◆《O型血，上辈子折了翼的天使，不是O型的人不要看，切记！》这篇文章一看标题就与我们的血型有关，很容易引起大家的注意。其实凡是与血型、星座和属相等有关的内容大多是用户喜欢看的主题，因此也很容易引起广泛分享。

◆《太可怕了，有孩子的朋友必须看！》这篇文章则与孩子有关，势必引起有孩子的家长注意，即便是没有孩子的人，也会为有孩子的亲戚、朋友或同事分享和转发。

其实所有人对与切身利益有关的文章都会很敏感，所以多关注与人们日常生活相关，或者大家经常遇到和面对的事物，更容易将读者带入其中，使分享变得水到渠成。

有感官刺激的内容

大部分人都是感性动物，我们所做的每一个决定、我们的每一个举动基本上都是以感情为基础的，那些触动感官的事物更容易激起人类的生理反应，而生理刺激又容易引起情感反应，并以此来驱使我们做出某些行为。公众号文章可以设法调动起读者的感官刺激，以此来促使其产生分享行为，如：

◆《毒疫苗事件，我们在弄死自己的路上又进了一步》这篇文章就容易使读者产生恐惧的心理，因此读者很容易就会分享该文章，让所有亲戚朋友都引起重视。

◆《致贱人：我凭什么要帮你?!》这篇文章既具有场景化特点，文字所传递的情绪又容易感染读者，这种可视化和强感知的文章很容易引起读者共鸣和分享。

激发正义感的内容

人们对真善美均抱有一定的渴望和追求，每个人的内心都潜藏着一股正义感，都会对周围所发生的事情进行道德评判，并以此来寻求理解、认可和尊重，因此容易激发读者正义感的文章也很容易被分享，如：

◆“沉默你就变成了帮凶”这句话，很容易让充满正义感的读者分享出去，这要比“分享到朋友圈就有机会获得精美奖品一份”更具有诱惑力，因为“沉默你就变成了帮凶”可以塑造出自己的正义形象，更易受到他人的尊重。

其实每个人心里都有一定的道德评判标准，只要有效抓住这类心态，就会激发起人们的正义感和道德心，使其愿意进行转发分享。

2.3.8 【案例详解】“绝味鸭脖”打造接地气内容

“绝味鸭脖”是中国鸭脖连锁的领导品牌，其公众号在内容创作上以“绝小鸭”的形象和拟人化的语言，为用户带来了很多极具喜感的活动形式，赢得了大众的青睐。

2013年，绝味鸭脖在“最难就业季”推出了一则有关性格与职业的测试性内容，该内容一经推出就收到了74.6%的高回复率，同时公众号也因此涨粉 37.5%。由此可见，绝味鸭脖依靠蹭热点打造的接地气式内容受到了广大用户的青睐。其在内容创作上不仅以现实生活为场景，而且抓住了用户的痛点，再加上与热点的碰撞，很容易引发大众的关注目光。所以公众号的内容推送不在于多，而在于精，只要把握用户的喜好，关注生活场景，就很容易使自己成为万人瞩目的焦点。

2.4 注重编排形式，让粉丝一看就着迷

2.4.1 技巧一：图文并茂

好的文章配上好的图片才算精彩，图片配得好不仅可以吸引粉丝，还会为文章增添不少魅力。微信公众号中常见的插图包括封面配图和正文配图，两种图片各具特色，挑选方法也不尽相同。

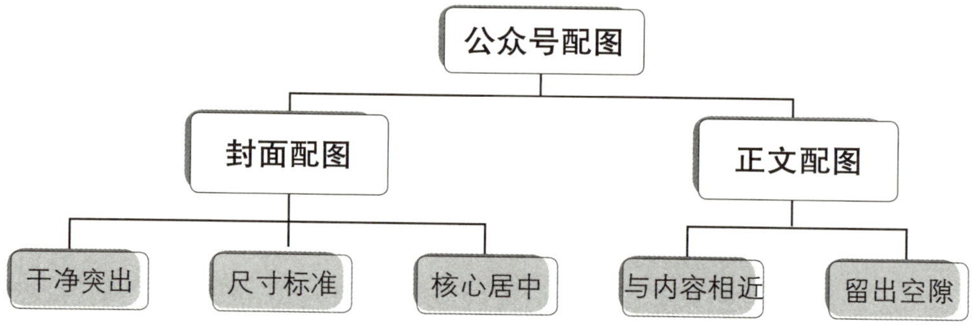

封面配图

◆干净突出

封面图片配得好不仅可以激发读者的阅读欲望，还能锻炼编者的审美品位和习惯。在挑选封面图片时，一定要选择背景干净、重点突出的照片。如果背景混乱，很容易将读者的目光转移，重点不突出也会使得内容出现干扰，导致整个构图出现混乱的现象。因此在为封面挑选照片时，一定要优选背景干净、重点突出的图片。此外，我们还可以进行简单加工，打上品牌印记，让粉丝看到我们背后的精心设计和付出。

◆尺寸标准

微信所规定的图文封面尺寸为宽度 900 像素、高度 500 像素。因此我们在为公众号内容的封面进行配图时，一定要合乎标准，大致为图片设置好比例，不一定非得是规定数值，做到符合相对比例即可。

◆核心居中

所谓核心居中，就是指封面上的核心内容要处于居中的位置，这样一来分享到朋友圈的内容会自动选取中间的正方形部分转发预览，使得核心内容得以体现。与此同时，当我们要调整图文位置时，即便是头图，如果想要使更重要的文章将其覆盖，编辑器也会自动将两边的内容裁掉。

正文配图

◆与内容相近

在为正文配图时，首先要做到的一点与封面配图一样，就是与内文相近，而且要处理好图片的冷暖色调，大小也要做到基本统一。

◆留出空隙

所谓留出空隙是指图和文字之间要有一定的空隙，这样可以提高文章的观赏性。最好是上下空一行，图片下尽量用 10 号或 12 号字对图片作出解释说明，例如本图片出自哪里，将版权写明，以此来规避不必要的风险。另外，图片宽度最好设置为不低于 320 像素、不高于 640 像素，否则过低看起来特别小，过高微信也会将其压缩。

2.4.2 技巧二：置入声音

微信公众号内容中置入声音不仅可以大量收集碎片化时间，还解放了用户的阅读时间，使得传播方法不再限制于文字和图片，为众多公众号运营者带来了方便。那么如何为公众号内容添加声音呢？

1. 登录微信公众平台，进入后台，选择“管理”下的“素材管理”选项，如图所示：

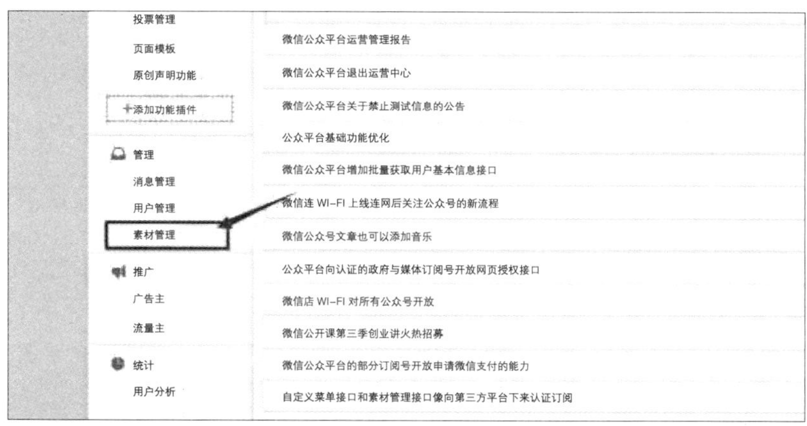

2. 在打开的“素材管理”页面中点击“图文信息”，如图所示：

3. 在图文信息编辑页面确定要上传的图片和文字内容，然后在下面的编辑框点击声音的图标，如图所示：

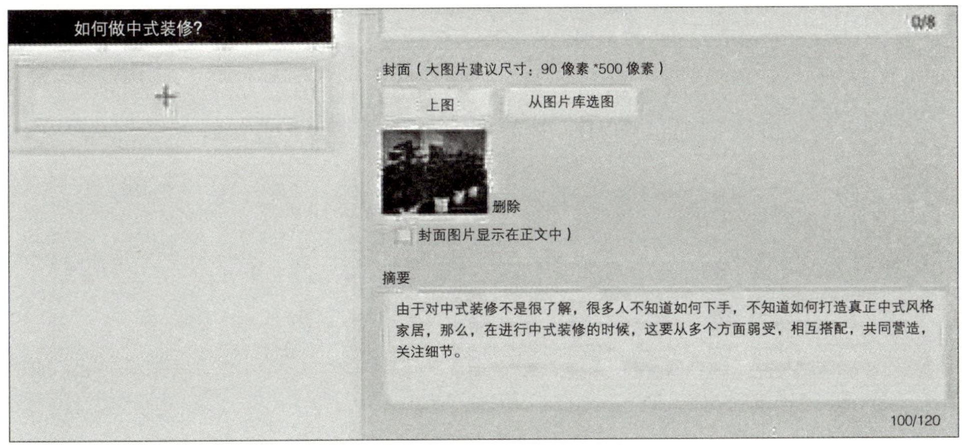

4. 在打开的页面中选择自己准备好的声音素材，如果没有现有素材则点击“新建”，直接上传声音文件，完成后选择“确定”按钮，如图所示：

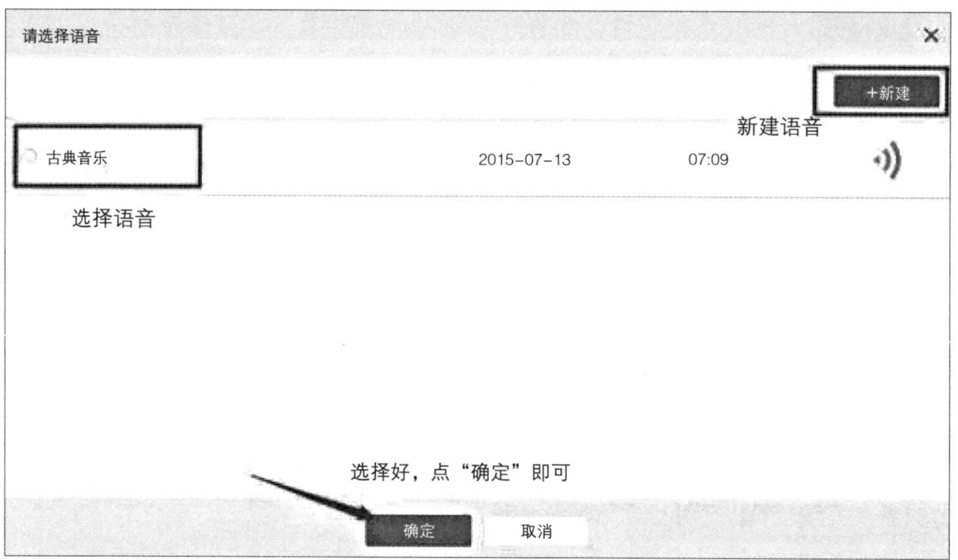

打开图文编辑框即可看到自己添加的声音，如图所示：

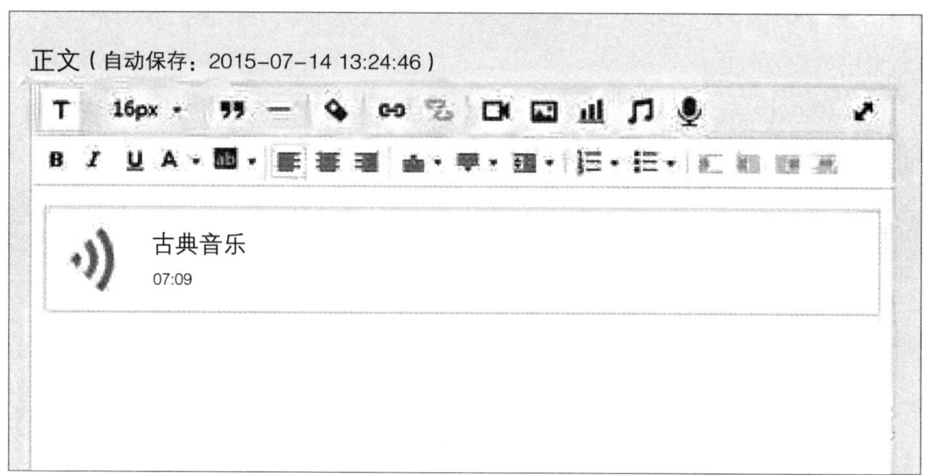

2.4.3 技巧三：视频播放

微信公众号不仅可以添加声音，同时还可以添加视频。视频播放更加形象化，也更直观，同时还可以给读者带来视觉冲击，留下深刻印象。那么如何在公众号内容中加入视频呢？

1. 同前面所讲的置入声音一样，首先打开“素材管理”页面，如图所示：

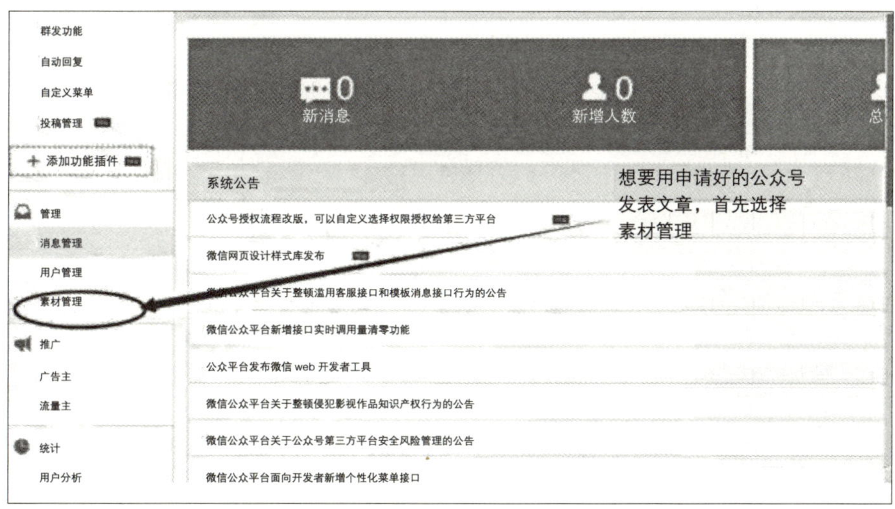

2. 然后点击“新建图文消息”按钮，如图所示：

3. 在打开的对话框中点击“视频”按钮，如图所示：

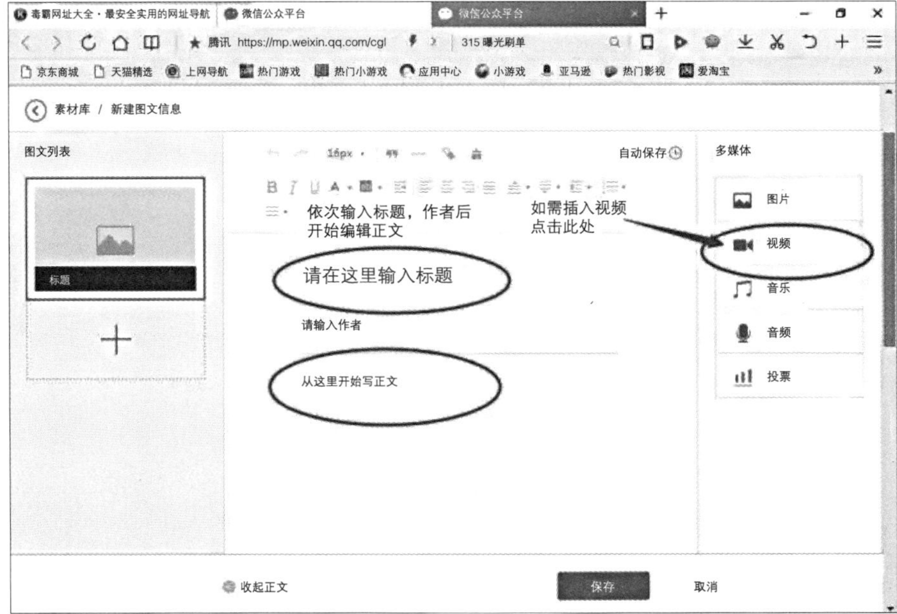

4. 接着从浏览器中搜索腾讯视频，打开腾讯视频官网，如图所示：

5. 在腾讯视频官网搜索框中输入自己想要添加的视频名称，如图所示：

6. 将找好的视频网址复制下来，粘贴到之前打开的图文消息视频对话框中，然后点击“确定”，如图所示：

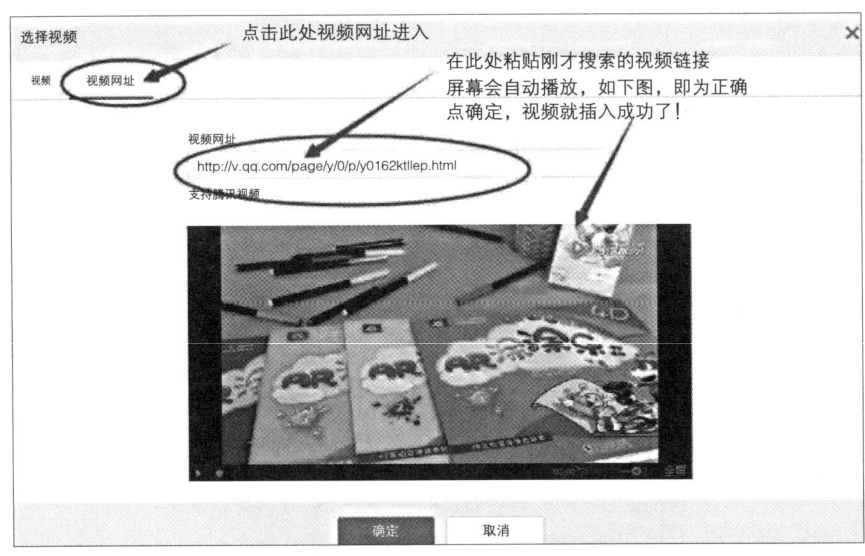

7. 在图文列表对话框中我们会发现封面图片位置，这里必须要插入一张图片作为封面，所以建议选择一张与视频内容相关的图片上传，然后点击“保存”按钮，如图所示：

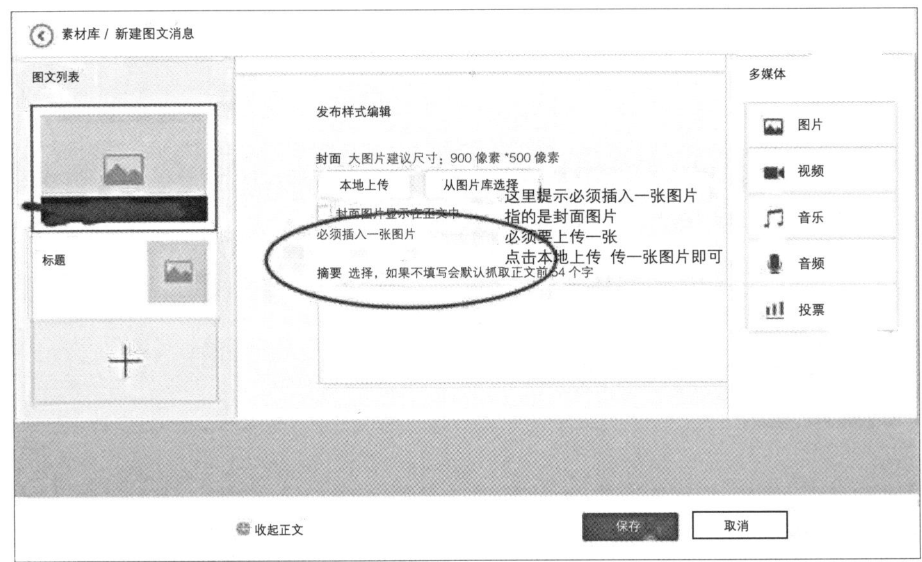

2.4.4 技巧四：软文广告的植入要合理

大部分企业都会通过微信公众号来进行推广营销，而软文植入广告不仅可以节省成本，降低广告的受干扰度，同时广告的营销模式也较为灵活。那么如何在软文中植入广告才不会让用户反感呢？

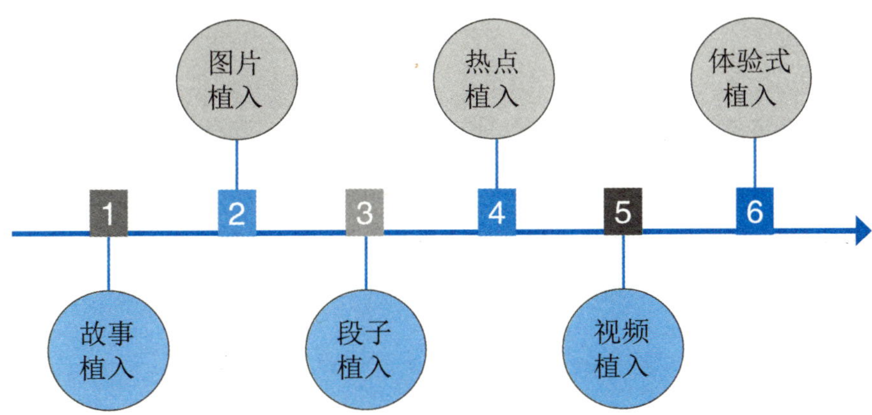

故事植入

大部分人都喜欢听故事，所以公众号可以采用讲故事的方式植入广告。不管是企业文化故事、企业运营过程中发生的事件，还是企业创始人的创业故事，都是不错的选材。这些故事既可以让用户了解和感受企业文化，又可以将企业产品毫无违和地介绍出来，合情合理又顺其自然。

图片植入

所谓图片植入，就是用图片来介绍产品，我们可以在图片中打上产品的水印或 Logo，使图片看起来尽量美观，这样出来的效果会更自然些。同时也可以直接配上有关产品的宣传图。图片做得好，不仅可以吸引用户的眼球，同时还会赋予产品人格魅力，让产品品牌与用户紧密联系在一起，这也会使广告植入变得更加自然。

段子植入

很多人都喜欢新鲜有趣的段子，因为这些段子在幽默中往往带有一丝人生感悟，既能够给大众平淡的生活增添意趣，也能让大众从中悟出很多人生哲理。由此可见，企业如果能够将广告植入段子中，不仅不会让用户反感，反而会取得较好的营销效果。

热点植入

在移动互联网时代，时刻都可能出现舆论热点，而这些热点也是大家最常关注的地方，因此公众号可以利用热点来设计广告，潜移默化地将广告带到用户跟前，这样用户非但不会反感，反而会赞叹这种想法的精妙之处。

视频植入

视频植入就是在软文中插入与企业或产品相关的视频，在视频中往往还可以插入语音介绍。如果有条件的话，可以邀请明星来录制，或者也可以让企业老板或相关负责人来录制。总之，录制人最好具有一定知名度或影响力，这样才会使视频更有说服力。

体验式植入

很多人喜欢在朋友圈里晒生活、晒感想、晒经验，在一系列的“晒”中常常会涉及自己使用的产品或服务，而通过这种方式传播达到的口碑效应是非常强烈的。所以建议企业开展此类活动，设法让用户将自己对产品的体验表达出来，通过奖品鼓励的方式激发其传播品牌的兴趣。

其实，除了上述植入方式外，软文广告的植入方式还有很多。在植入广告时，我们一定不能忽略用户的兴趣和体验，这样才能真正提高用户的黏性，真正实现口碑传播。

2.4.5 【案例详解】有声有色的国家博物馆

国家博物馆微信公众号推出了微信语音导航功能，只要用户向公众号发送关键词，就可以收到相关自助导览。不仅如此，该公众号还设置了名嘴献声来提高用户服务体验。“道法自然——大都会艺术博物馆精品展”就使用了名嘴的解说词。语音解说的形式不但使用户参展的过程变得更加方便，同时还能让用户感到贴心可靠，从而拉近了公众号与用户之间的距离。语音导航功能本身就创意十足，十分便利，再加上名嘴参与，进一步增加了用户关注公众号的积极性，非常值得广大公众号进行借鉴和模仿。

2.5

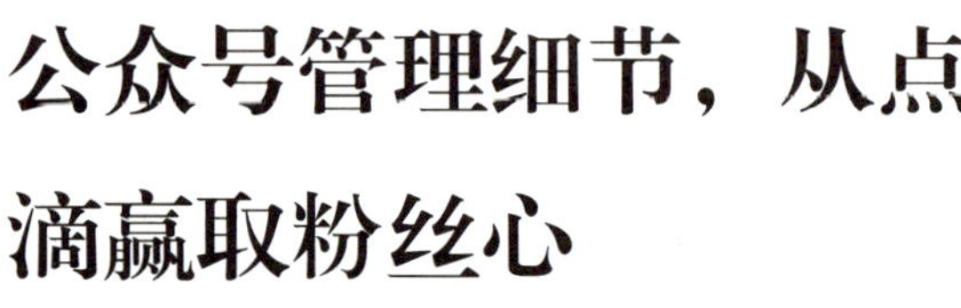

公众号管理细节，从点滴赢取粉丝心

2.5.1 实施用户管理

当公众号粉丝达到一定数量时，我们就要进行用户管理了。订阅用户群体在功能区可以实现同类用户分组和特定用户备注等管理。

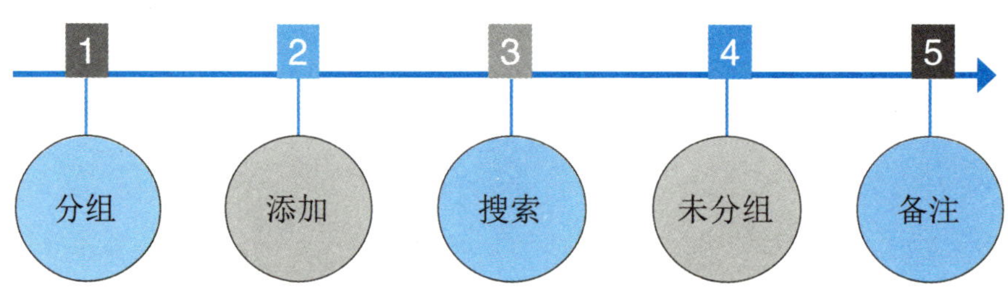

分组

大部分企业公众号都有各种用户群体，包括本单位员工和业务单位用户等，因此可以新建分组来管理这类用户。对于个人公众号来说，常见的分组是家人、朋友、同事和同学等，同样也可以通过新建分组来分类进行管理。分类管理之后，就可以根据需求针对性地向某个或某几个群组发送内容了。

添加

用户列表前方都有一个复选框，通过勾选复选框可以实现添加分组管理，将指定用户添加到目标分组。对于那些新增用户数量较大的公众号来说，添加分组功能是非常有效和实用的功能选择。

搜索

当用户数量非常多时，想要找到某个用户就变得非常困难。这时可以利用搜索框进行搜索，只要输入目标用户的名称，即可快速定位找到该用户，这对于企业管理来说是非常方便的。

未分组

未分组就是没有分组匹配的选项，其与“添加到”类似，也是通过勾选复选框来将目标用户划分到该选项中。

备注

很多用户的微信昵称都不是其真实姓名，所以在管理用户时可以将备注改为实名，或者将特定用户修改成更便于自己标记的备注名，这样管理起来会更加方便。

2.5.2 进行素材管理

素材管理就是对素材进行一系列的管理，包括管理群发内容以及撰写完成但未发送的内容等。素材管理可以看成是一个文件夹，而一周内容就是其中的文件。运营者可以通过素材管理进行新建图文消息、编辑和删除消息等操作。

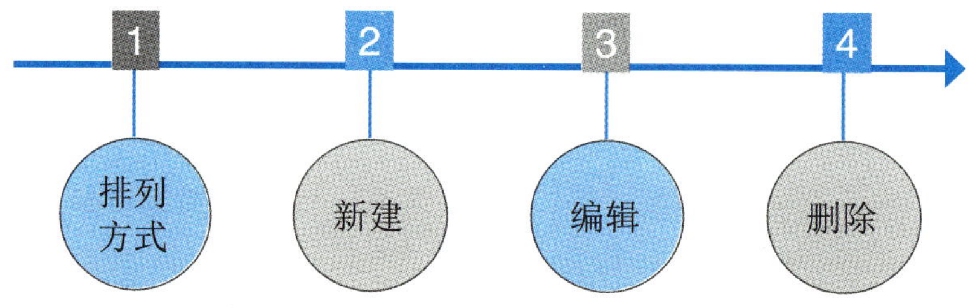

排列方式

素材管理中的所有素材都可以进行排列。排列方式有两种：

◆多行 × 多列

◆多行 × 单列

新建

新建图文消息时可以单击图标，然后在图文消息编辑界面编辑公众号内容，这一点类似于群发功能。

编辑

想要编辑图文消息时可以单击目标图标直接编辑，也可以在编写好的内容基础上进行增加或删除内容，同时还可以对内容进行修改。需要注意的是，群发过的内容也可以重新编辑，然后进行二次群发，所以当内容出错时，可以纠正后重新发送。

删除

删除功能可以删除某些图片或文章等素材，只要单击目标素材即可进行删除。需要注意的是，公众号运营者是无法删除或撤销收回发送完成的内容的，只能删除素材库中的内容。如果没有特殊原因的话，建议不要轻易将素材内容删除。

除此之外，我们还可以在导航栏中对上传到公众号的图片、语音和视频等素材进行管理，包括名称的修改、分组的修改及部分素材的删除等。

2.5.3 如何设置自动回复

公众号运营者在后台发布信息之后，订阅用户就可以接受和阅读信息内容了，这是一种一对多的自媒体方式。因此运营者需要面对的是千千万万个用户，不可能及时迅速地回复每一个用户的信息，同时也很难第一时间欢迎每一个新加入的用户，这时设置自动回复内容就显得至关重要了。

1. 用电脑登录微信公众号，选择“自动回复”选项，如图所示：

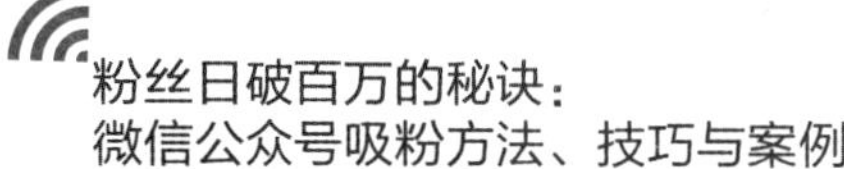

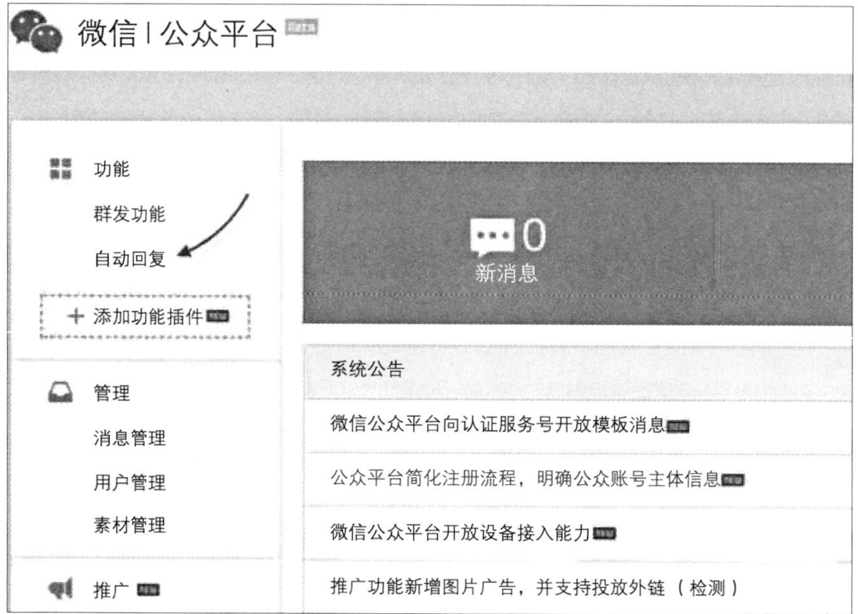

2. 在打开的界面中选择“被添加自动回复”，设置一些欢迎性的内容，当用户关注公众号时就会收到这些回复内容。这里我们以“关键词自动回复”为例，如图所示：

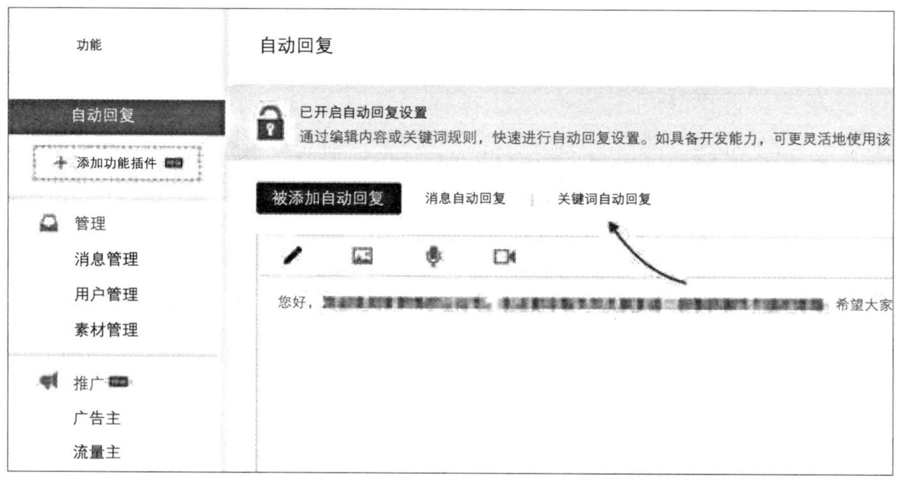

3. 点击“关键词自动回复”后，接着选择“添加规则”，如图所示：

4. 在规则名中输入内容，然后点击“添加关键字”，如图所示：

5. 接着就可以添加多个关键字了，添加完成后点击“确定”即可，如图所示：

添加关键字

经验

输入回车可添加多个关键字，每个关键字少于 30 个字符

百度

确定 取消

2.5.4 广告主与流量主

广告主功能属于微信公众平台官方的广告系统。广告主功能可以帮助运营者更加精准地向不同年龄、性别和地区的人推广自己的服务，并以此来获得更多的潜在客户。那么如何申请广告主呢？

1. 登录微信公众号后台，从左侧位置找到广告主和流量主，如图所示：

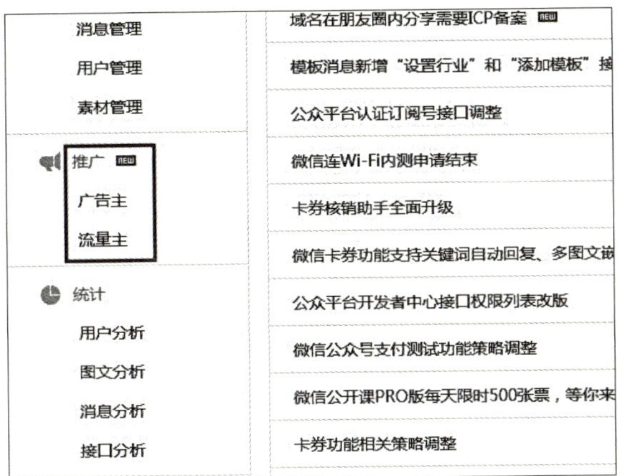

2. 点击广告主业务申请开通，如图所示：

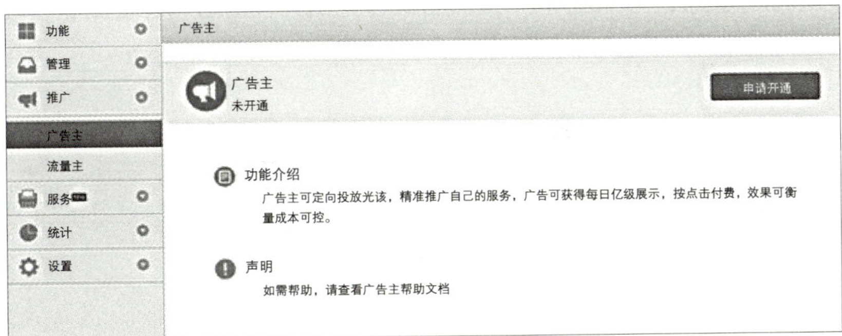

3. 申请成功后即可登录广告管理页面进行操作了，如图所示：

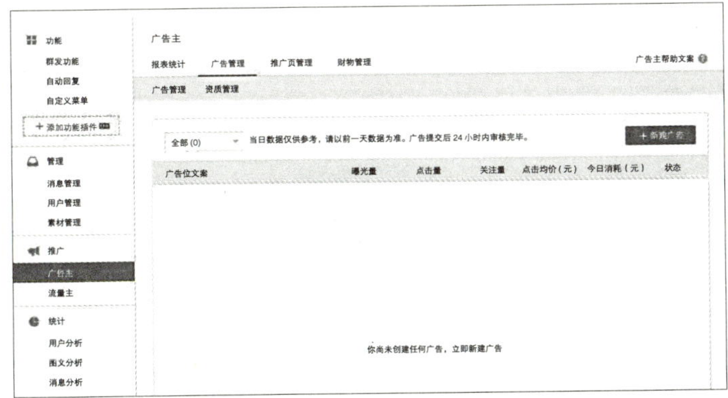

流量主功能也是微信公众平台官方的广告系统，公众号运营者自愿让出公众号内的某个指定位置，用来让广告主分享广告，流量主以此来获得一定的收入。那么如何申请流量主呢?

1. 点击申请开通流量主，如图所示：

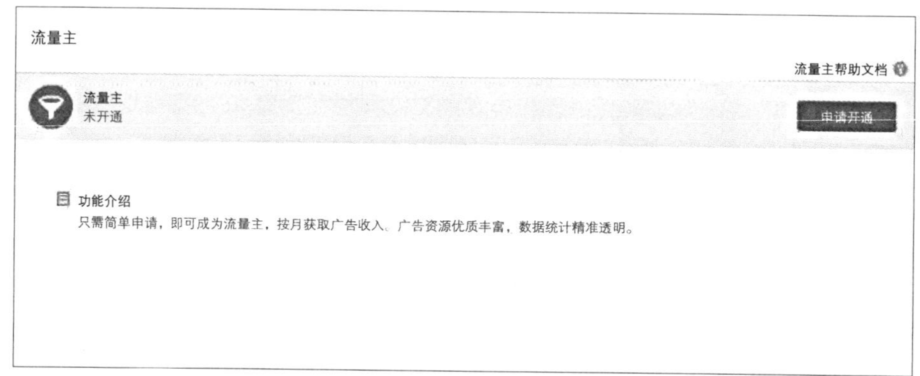

2. 需要注意的是，流量主功能要有 10 万以上的粉丝才能开启，所以没有足够数量的粉丝是无法申请的：

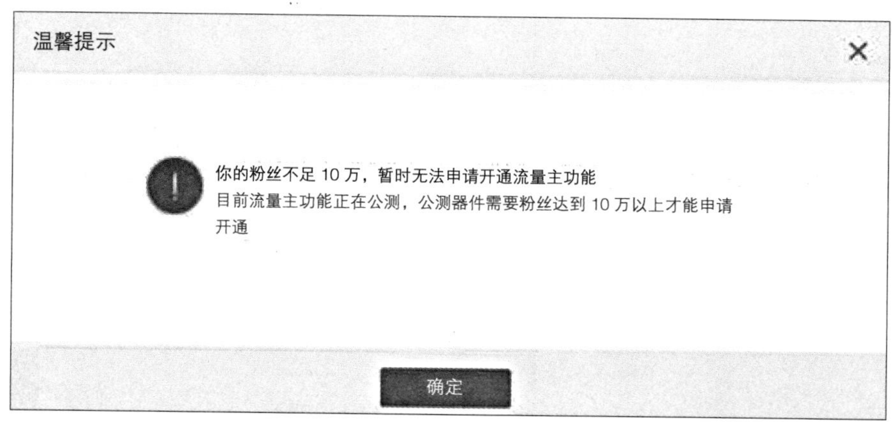

3. 如果粉丝超过 10 万则可以进入下一步，阅读无误后点击“同意协议”，如图所示：

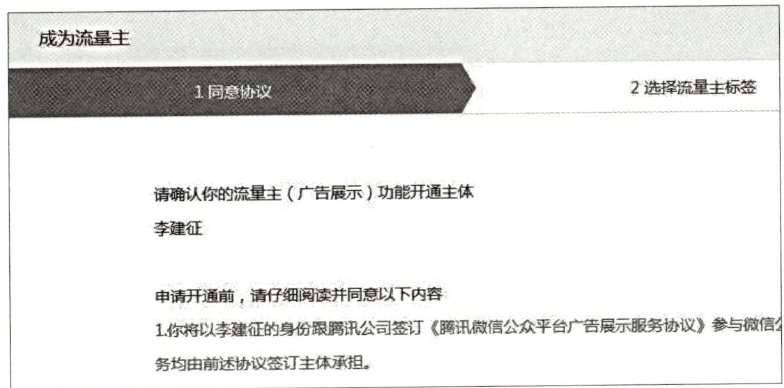

4. 点击选择“流量主”标签，确认后填写你的银行卡信息，审核一旦通过流量主功能就申请成功了：

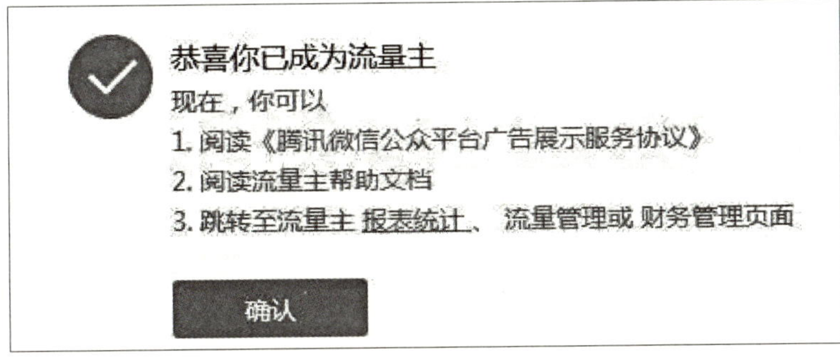

5. 以下是流量主的监控数据统计页面，如图所示：

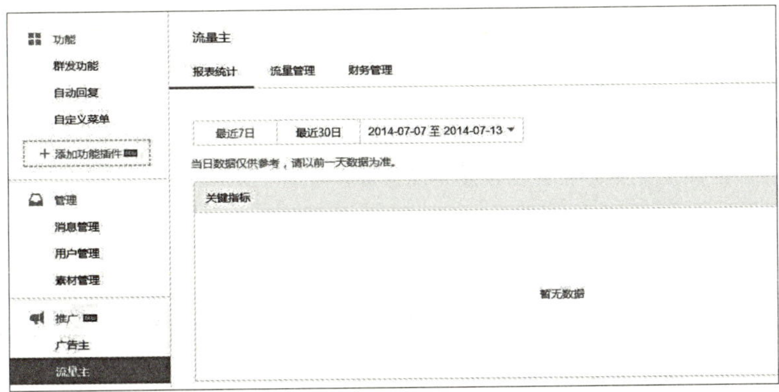

广告主功能优势

◆资源广：拥有 4 亿潜在微信活跃用户投放量、优质公众号 200 万以上，每天展示推荐上亿次，覆盖多个行业领域。

◆定位精准：对微信用户属性定位精准，使得推广内容的点击率得到有效提高。

◆管理可控：采取智能广告的竞价机制，依照最终效果来付费，使得管理预算更加可控，最大化实现价值提升。

◆闭环服务体系：依托微信而建立，使得广告主价值提高，实现了会员营销和在线支付等闭环服务体系。

流量主功能优势

◆有收入：可以通过提供展示位来获得广告主带来的收入。

◆开通方式简单：只要在公测期间达到 10 万用户关注度并签订相关电子协议即可开通。

◆数据明了：可以清晰明了地查看前一天的收入、点击率和曝光度等数据。

◆收入稳定：流量主采取月结的结算模式，定期入账，收入既稳定又轻松。

2.5.5 不可不知的群发功能

开通公众号之后就可以编辑群发消息了，群发功能可以将内容信息有效及时地发送给目标用户，既简单又方便，为运营者节省了不少时间。那么如何群发消息呢？

登录微信公众平台，点击“群发消息”后，根据自己的实际需求添加相关文字、图片、语音或视频即可，然后选择好群发的对象、性别和地区等。

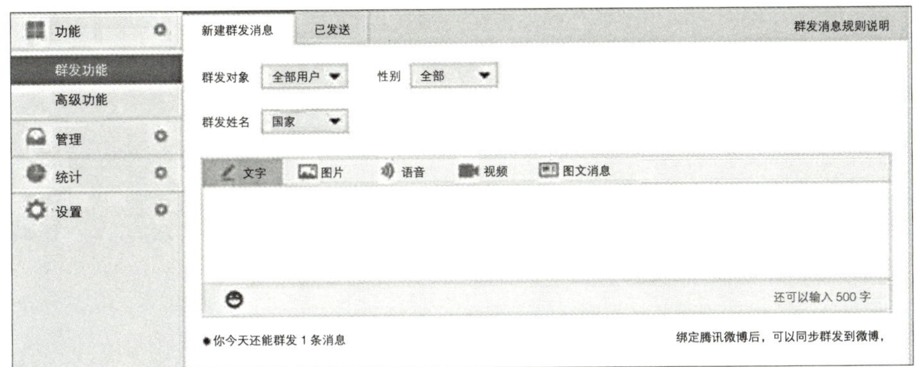

注意

◆图文标题上限为 64 个字节。

◆内容字数上限为 1200 个字符 /600 个汉字。

◆语音可以是 mp3、wma、wav 和 amr 格式，最大 5M，最长 60 秒。

◆视频可以是 rm、rmvb、wmv、avi、mpg、mpeg 和 mp4 格式，最大 20M。

◆群发暂不支持中英文之外的语言。

◆订阅号 24 小时内只能群发 1 条消息；服务号 1 个月（按自然月）内可发送 4 条消息。

◆群发成功，或群发后审核中的内容不可修改或删除。

2.5.6 如何做用户分析

用户分析属于公众号后台管理的一个功能，通过用户分析，公众号运营者可以对近期新增用户、净增用户、取消关注用户及总用户数据进行观察，使公众号走向更直观地体现出来。

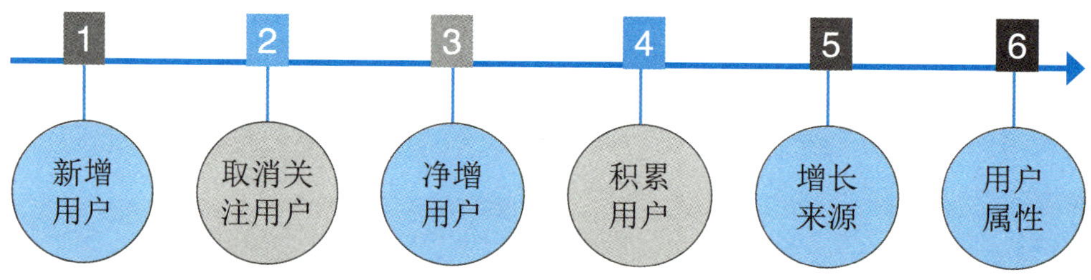

新增用户

新增用户显示的是近一个月内每日的新增用户，以图表曲线的形式展现，效果更直观，更容易帮助运营者对未来发展趋势做出判断。

取消关注用户

取消关注用户显示的是近期取消关注的人数，当运营者发现大批粉丝取消关注时先不要心慌，很可能是因为以下两种原因造成的，这属于正常现象：

◆红包活动或有奖活动过后大批粉丝取消关注

◆近期无优质内容推送，经常发广告文案

如果不存在以上两种状况，但粉丝仍然出现骤降，那么运营者一定要提高警惕，找到掉粉的原因，设法解决问题，否则长此以往会造成不良的后果。

净增用户

净增用户 = 新增用户—取消关注用户

公众号运营者要时刻关注净增用户数量，使其保持在正数，因为一旦净增用户数量为负值就表明公众号已经进入了下行状态。

积累用户

运营者只要登录公众平台就可以在首页看到积累用户数量。而对于用户来说，通过观察订阅用户增长曲线图可以分析公众号的发展状况。

增长来源

打开新增用户数的下级菜单，运营者就可以观察到用户数量增长的来源，也就是粉丝关注公众号的渠道，包括以下几个方面：

◆搜索公众号名称

◆搜索微信号

◆点击图文右上角菜单

◆分享名片

◆扫描二维码

大部分用户是通过二维码扫描来关注公众号的，但也有很多用户是通过搜索名称查找到公众号的，如果以上五种渠道中某一种是你的公众号粉丝基本上不使用的方法，那就说明在该渠道上公众号的营销力度还不够，需要加强推广，从而达到事半功倍的效果。

用户属性

前面介绍的都是可以观察的数据分析，而用户属性相对来说没有那么直观，但对于公众号运营者来说是十分重要的。用户属性包括用户的性别、语种、地域以及所使用的智能终端类型等，常常以饼状图或柱状图等形式呈现出来，帮助运营者对用户群体进行客观分析，以此来做出具有价值意义的决策。举个例子，如果你的公众号北方用户比南方用户多的话，那么在做线下活动时就可以选择在南方举行 虽然活动从表面上看来不一定会非常成功，但在该地域造成的影响效果还是非常可观的。

2.5.7 如何做图文分析

前面提到的用户分析可以帮助运营者把握公众号的近期发展状况，同时从宏观角度对公众号进行分析。而图文分析则可以帮助运营者从微观角度分析公众号内容，通过阅读量、收藏量和转发量来分析用户对近期内容的反应。

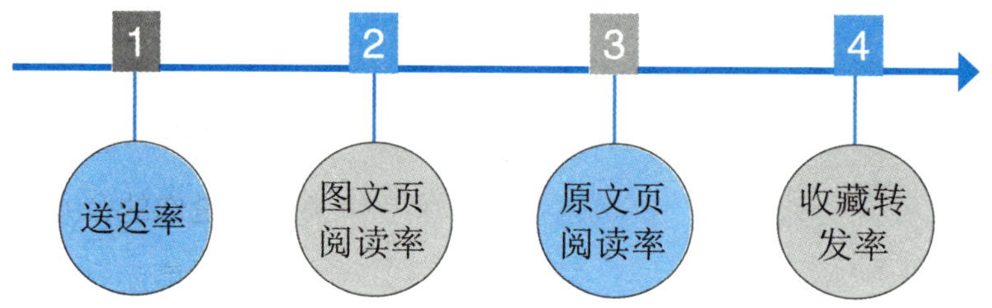

送达率

送达率关注的是公众号图文消息所送达的人数，送达率通常在 95% ~100% 之间是正常的。

图文页阅读率

图文页阅读率关注的是点击打开文章的人数。需要注意的是，同一个粉丝连续打开阅读页只计算 1 人数量，换句话说，图文阅读人数是去重人数。与此同时，即便是未加关注的用户，他们的点击阅读也会算进图文页阅读数量中去，换句话说，阅读次数是不去重复人数的。

原文页阅读率

原文页阅读率计算方法与图文页阅读率相同。但原文页指的是在图文页的页面点击“阅读原文”后进入该页面。有的文章根本没有“阅读原文链接”，所以原文页阅读人数会出现 0 的现象。想要添加“阅读原文”链接时可以在编辑页面点击“添加原文链接”，然后输入本文链接即可。

收藏转发率

收藏转发率是非常重要的数据，用户觉得公众号内容好，值得一读，才会真正去收藏或转发，也只有这样才会计入到数据中去。需要注意的是，收藏转发数量包括并未订阅的用户，而且它计入的是去重复操作数据。

其实图文分析数据还包括图文转化率，也就是图文阅读数与送达数的比值。这项数据在没有任何活动的正常状态下才有参考价值，因为一旦有了活动，数据波动较大，也就无法体现公众号的正常水平。

2.5.8 【案例详解】小米“阿黎笔记”的精彩自动回复

小米自面世以来就因为饥饿营销而赚足了眼球，其销售业绩也是令人生羡。如今随着移动互联网的不断发展，小米开通了微信公众号，用户在其公众号内不仅可以预约和购买各种型号的手机，而且还能进行话费的充值和订单的查询。不仅如此，小米的后台客服也受到了大量粉丝的追捧，其一对一回复，受到了广大用户的支持和称赞。与此同时，小米联合创始人、副总裁黎万强

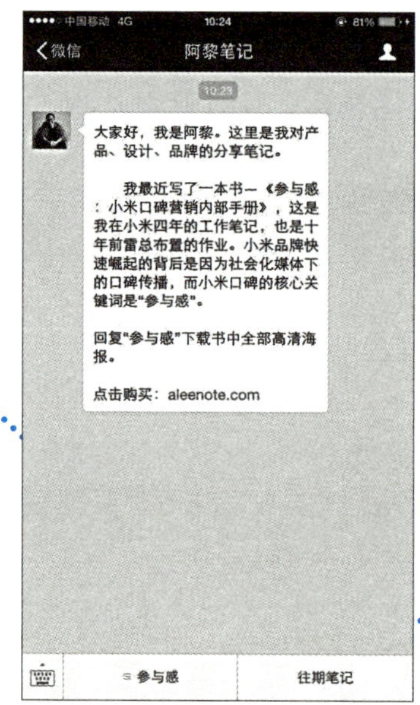

也开通并认证了微信公众号，公众号名字为“阿黎笔记”，旨在通过微信公众号平台来分享自己对产品设计、用户体验以及社会化媒体营销等方面的各种心得和体会。虽然“阿黎笔记”属于个人公众号，但其集小米功能、卖书、互动和导流于一体，对小米体系进行了有效补充。不仅如此，“阿黎笔记”还设置了贴心的自动回复功能，用户只要回复相关关键字，就可以收到特定的推送内容，不管是有关小米的功能，还是有关书籍的相关问题，都可以得到满意的回答，阿黎笔记因此而受到了广大用户的一致认可。

做好引流推广，全面引爆粉丝群

3.1 爆破营销，一举引爆粉丝

3.1.1 什么叫爆破营销

很多人看到爆破营销后会想到与爆炸相关的事情，其实通俗一点讲爆破营销就是将那些要买、想买、有购买欲望的客户集中到特定时间的特定地点进行一次营销，换句话说，就是将营销做成“爆炸式”的效果。

解析

爆破营销又名会议营销或活动营销，就是利用所有可以促成交易的资源，集中所有精准客户来进行定点促销。2012 年爆破营销这一概念第一次出现在我国家居市场，意思是将引线、雷管和火药放在最好的地点，在最好的时间将其引爆。如今爆破营销需要做到的就是做好精准的市场和客户定位，锁定好目标群体后进行集中式的轰炸性营销。简单来说，爆破营销就是精准营销。公众号运营者可以先在各个小区进行宣传，以此来锁定自己的目标客户，准备工作做好后再在合适的时间进行营销。

思路

下面我们以家具产品为例，为大家介绍爆破营销的思路：

爆破营销的思路

1. 做爆破营销首先要找到目标客户，策划如何找到精准用户，如何得到更多的精准用户。
2. 想要找到更多的客户，就要设法让想要买家具的客户认识你、知道你，并且主动前来找你。
3. 当一大群人找到你时，要学会辨识出真正想要买家具的客户，并设法让这些客户真正进入店铺。
4. 客户进入店铺之后就要考虑店铺的摆放了，思考如何摆放家具才能吸引更多的客户前来，如何才能增加客户的成交率。
5. 当客户出现犹豫不决的现象时，就要考虑你该如何做，如果客户说下次再来买时你又该如何做。

6 考虑一线式联盟将会给客户带来的优质服务。

7 考虑大范围宣传是不是足够，是否应该与没有来过的客户进行交流，怎样交流。

步骤

针对以上思路可以策划爆破营销的步骤：

爆破营销的步骤

1 做市场调研，使得家具产品的营销决策质量得到提高，将营销中存在的问题和机会进行识别、收集、分析和解决。

2 策划主题活动，可以与节日或品牌周年相关，以此吸引客户。

3 建设爆破团队，可能需要很多团队人员，因此可以招聘临时员工，但要做好简单培训和明确分工。

4 划分多个小组，设定小组目标，最后针对目标进行评比活动。

5 有条件的还可以订立联盟营销计划，通过联盟来翻倍提高业绩。

6 实施社区推广。

7 通过短信或电话营销来筛选并邀请精准客户进店。

3.1.2 线上爆破营销活动

对于新开通的公众号来讲，订阅用户通常不会太多，因此急需快速获得一大批粉丝。很多公众号会采取微信发红包的方式吸引粉丝，其实这就是一种线上爆破营销方式。那么具体该如何操作呢？

◆创建微信群，导出群二维码。

◆设置自动回复，只要公众号用户回复“红包”即将二维码自动回复给用户，同时附上简单说明，只要扫描二维码就可进群免费领取红包。

◆公众号运营者在群内发送红包。

◆将活动内容同时发布到各大好友圈，利用一切资源转发分享活动，大力进行该活动的推广。

需要注意的是，虽然微信红包增加订阅用户的方法较为简单，但在实行时还要注意以下几点：

◆在推广活动时，一定要将有关公众号的详细情况介绍清楚。

◆不要刚刚开通公众号就开始做活动，否则即便是迎来了用户，人家看到空空如也的公众号也不会驻足太长时间。

◆既然选择发红包就不要过于吝啬，发多发少做出来的效果有着天壤之别，即便是花了不少钱，只要赚足了粉丝，那就是值得的。当然也要根据自身实际情况来选择红包数量，超过自身实力的滥发红包最终反而可能是自讨苦吃。

3.1.3 线下爆破营销活动

线下爆破营销就是在线下利用营销活动来实现粉丝数量的迅猛增加。举一个例子，如果你的公众号运营了一段时间，内容发送也有了一定积累，现在想要利用活动来吸引更多的订阅用户，而且成本要控制在500元以下，那么这样的营销活动该如何策划呢？

目标

通过活动为公众号涨粉1000，并使得公众号进入良性循环。

方案

◆首先从公众号中选择一篇高质量文章用来做活动宣传，最好是原创的，如果文字功底较差可以找专业人士代写。需要注意的是，文章的内容一定要与当前流行趋势相契合，尽量与人们的敏感话题相贴近。

◆选择礼品。礼品既要保证是潜在用户感兴趣的东西，同时花费也要在规划的成本之内。举个例子：如果是夏天，可以免费提供矿泉水或成本稍微高一点的遮阳帽和遮阳伞。如果选择矿泉水的话，我们预期发放 500 瓶，假设成本是 400 元。

◆执行活动。选择周末或者节假日，在宣传海报上打上公众号的二维码和介绍信息，同时准备一些小宣传页向周围的人派发，记得打上免费送水的标语，准备正式开始活动。

◆活动内容。只要关注公众号并转发相关内容即可获得免费矿泉水一瓶，为了避免大家的反感，可以先做出工作说明，让对方了解你是做什么的。

活动中有时会遇到几个人一起来，只有一个人有微信号，这时你可以要求这个人同时在 QQ 群、QQ 空间等分享文章内容，这样他们每一个人都可以免费得到一瓶水。

评价

如果所有的礼品都发放出去，那么意味着 400 元增加了大概 500 个粉丝，表面上看来没有达到目标 1000 个粉丝，但除了这 500 个粉丝之外还有他们 500 次的分享与转发，这样形成的推广效果是不可估量的。只要文章内容的质量足够高，那么这 500 次的转发很可能会带来上千粉丝。虽然利用活动涨粉从某种程度上讲是在花钱买粉丝，但相较单纯花钱买粉来说，通过活动带来的粉丝黏性较高一些，粉丝活力也较高，出现僵尸粉的概率相对较低。

3.1.4 【案例详解】呷哺呷哺线下营销法

公众号营销除了线上活动之外还可以进行线下推广。呷哺呷哺就曾进行过线下爆破营销活动。只要用户扫描位于呷哺呷哺店内任意座位上的二维码，关注呷哺呷哺官方公众号，然后在该活动的介绍页面点击“阅读原文”就可免费获得抽奖机会。这样的活动看起来简单方便，不会耗费太长的时间，因此吸引了大量用餐者。活动结束后，呷哺呷哺进行了反馈总结，其阅读量一下就蹿升 10 万，换句话说，呷哺呷哺的这次活动使其在不到一个月的短时间内增加了数万名粉丝。其所带来的营销价值是不可估量的。

3.2

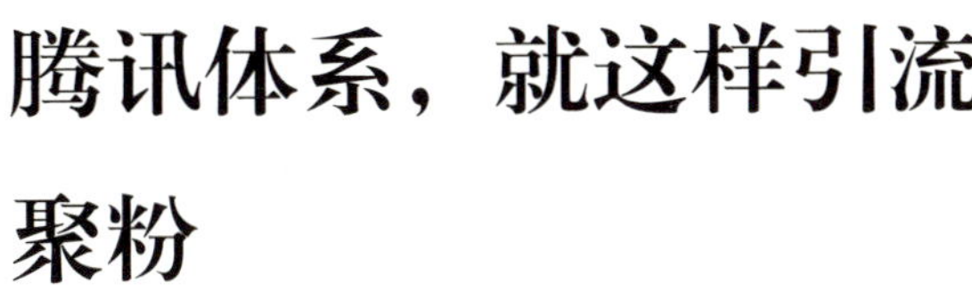

腾讯体系，就这样引流聚粉

3.2.1 QQ群引流

QQ 平台拥有庞大的营销潜力，其用户量超过 8 亿、日活跃用户量超过 5 亿，这也吸引了广大公众号运营者的目光，利用 QQ 引流，为其带来了极大的营销价值。这一节我们先来学习如何利用 QQ 群引流。

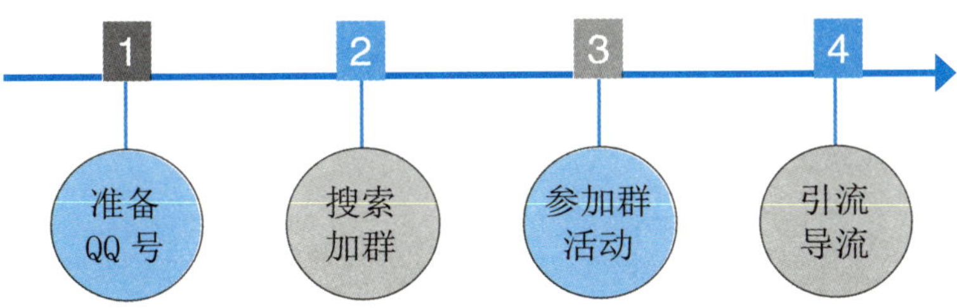

准备 QQ 号

利用 QQ 群引流，首先要多准备几个合适的 QQ 号，注意 QQ 资料要尽量完善，越真实越容易得到用户的信任。除此之外还要为 QQ 号设置好个性签名和标签，同时也可以开通会员，获得更多的权益。

搜索加群

准备好 QQ 号后，就可以定向搜索 QQ 群了，搜索群之前要明确好加群目标，包括一天要加多少人、与多少人聊天等。

参加群活动

加群之后第一步要做的就是了解群规则，不要因为违反规则而被群主踢出去。同时还要多在群内发言，积极参加群活动，不要总是潜水，那样做就没有意义了。可以和其他成员打招呼，也可以主动加好友，以私聊的方式拉近彼此之间的距离。

引流导流

可以利用多个 QQ 号上传群附件，内容可以做成 pdf 格式，要保证一定的质量，同时附上微信号，这样大家收到想要的干货内容时，就可以通过加微信来关注你。可以将标题设置得诱人一些，尽量吸引大家来阅读。但不要打生硬广告，否则很容易被踢出群外，或者被管理员删除。除了上传群附件之外，还可以发送群邮件，平时多整理学习一些话术，学会与人沟通的技巧。

3.2.2 QQ 空间引流

想要利用 QQ 空间引流，第一步就是设置装扮好 QQ 空间，这样才能吸引用户的目光，同时还要打造优质内容，充分利用说说、日志和空间相册等功能来实现引流。

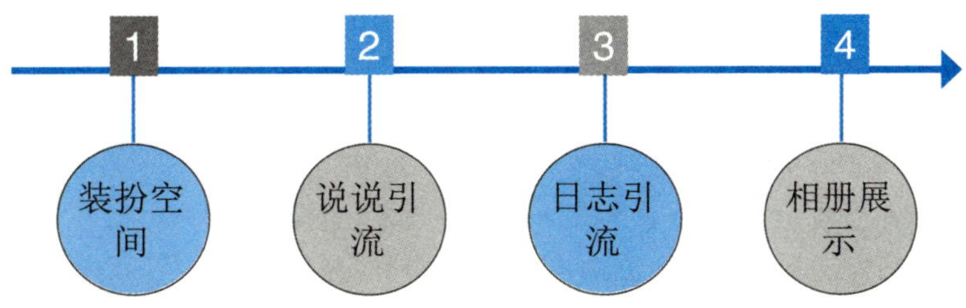

装扮空间

QQ 空间有很多装扮都是免费的，但部分装扮有使用期限，所以要记得及时更换，这样才可以给好友带来新鲜感。除此之外还可以开通黄钻，享受更多的装扮功能，例如背景音乐和更漂亮的套装等。

说说引流

可以利用说说来引流，注意每天最少发 3~5 条说说，内容可以多样化，搞笑型、鸡汤型均可，也可以选择互动性强的内容，让大家参与进来，这样更容易引来较高的流量。

日志引流

如果有一定文字功底的话，建议大家写原创日志，这样更容易引起读者兴趣，也可以转载一些优质内容来作为自己的日志，通过观察好友的反应来选择日志的类型。

相册展示

大部分人都喜欢看相册，因此可以将自己想要好友看到的内容以相册图片的形式展现出来，记得细心为照片添加描述，最大化地引来更多的流量。

利用 QQ 进行引流虽然短期内很难看到成果，但只要有足够的耐心，坚持下去，就会收到意想不到的推广效果。

3.2.3 QQ 邮件引流

QQ 邮件也可以起到较好的拓展客户的目的。利用 QQ 邮件引流时在内容、形式以及发送上都有一定的技巧。

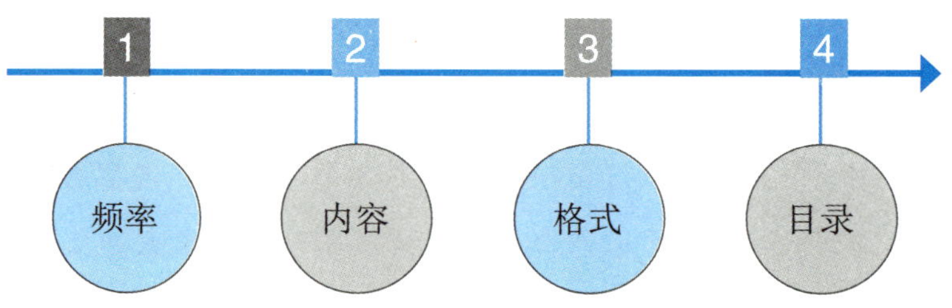

频率

邮件的发送频率对于邮件营销本身来说是至关重要的。过于频繁容易引起用户的反感，频率过低又容易让用户忽略，只有把握好维度，在固定的时间进行发送，且长期坚持下去，才会起到切实的效果，赢取用户的信任。

内容

邮件引流同时也要注意内容定位，着重将产品特色信息和同类优势信息表现出来。同时还要保持内容风格一致，做出自己的特色，这样才能吸引更多的用户。

格式

QQ 邮件在发送前一定要做好格式调整。邮件开头最好将邮件类别和内容提要表达出来，如“这并非垃圾邮件，而是 XX 产品的介绍信息，如果您有这方面的需要请与 XX 联系，您将会得到我们完美的服务”。这样可以避免被当成垃圾邮件而清理掉。

目录

邮件的目录一定要清晰明了，能够让用户一目了然，这样不仅可以避免用户出现阅读障碍，还能提高其阅读兴趣，得到用户的好感，对于引流有一定的促进作用。

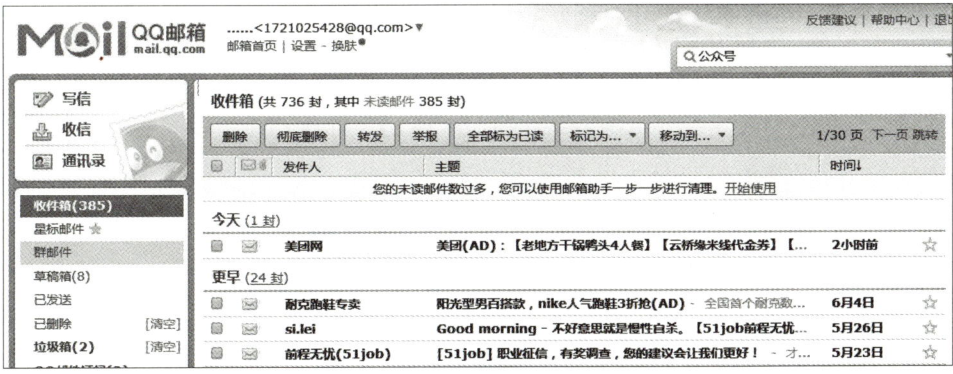

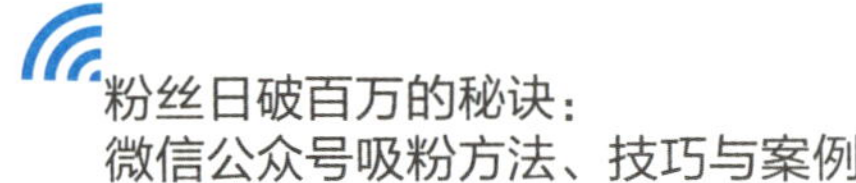

3.2.4 微信群引流

对于公众号运营者来说，微信群的分享交流功能是很好的引流利器。如果能充分利用微信群，不仅可以有效提高品牌知名度，对日后利润的增长也会带来极大的好处。那么如何利用微信群引流呢？

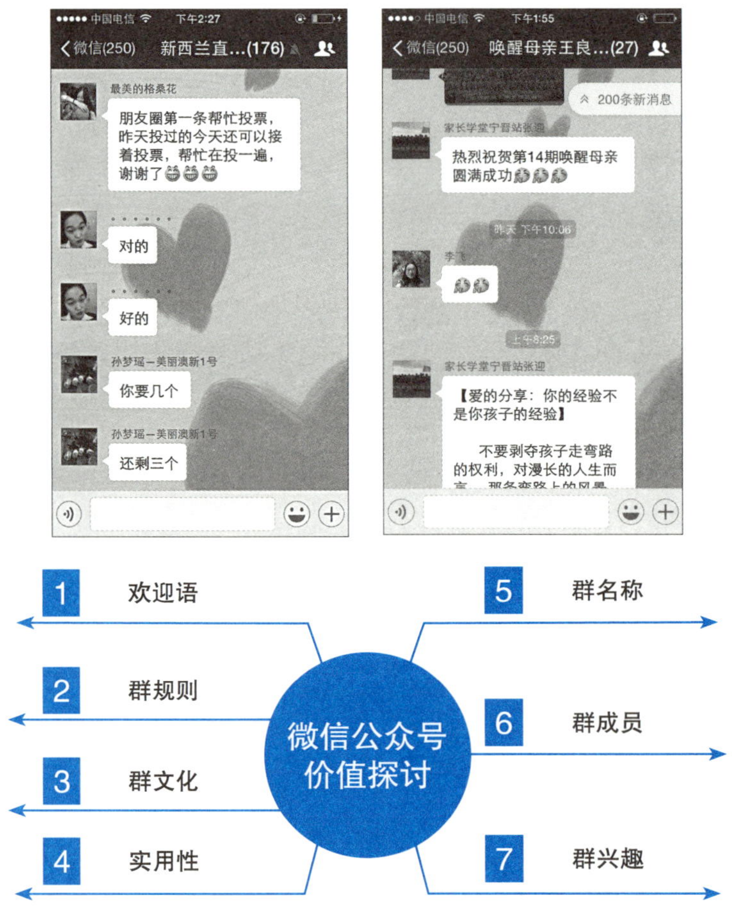

欢迎语

可以为微信群设置贴心的欢迎语，这样当新用户进入群内时就不会因为陌生和紧张而无言以对。可以直接说：“让我们热烈欢迎 XX 成为 XX 大家庭的重要一员！”想方设法让新成员放松下来，真正融入到群内。欢迎语的设立不仅可以消除新成员的紧张感，而且还能提高其对微信群的信任感和认同感，使整个微信群变得更加活跃。

群规则

作为一个组织，微信群要有自己的群规则，这样才能促进群成员之间良性友好地发展下去。最好在建立群之前就将规则拟定好，使每位成员在入群前就有所了解。与此同时，隔一定的时间就要在群内发布一次规则，这种不断的强调有助于树立严谨的心态，打击违反规则的不良行为，使得群整体变得更加有序健康。

群文化

我们还可以为微信群建立群文化，可以是共同理念或共同追求，以此来促进大家共同成长和进步。在移动互联网时代，共同利益固然重要，但想要靠此长久稳固形成连接是不太现实的，所以要让群成员树立起共同的理念和追求，只有做到志同道合才能从根本上建立起联系，延长连接的寿命。

实用性

通常情况下用户之所以加入一个微信群，都是奔着一定的目的而来的。如果进群后没有得到任何价值，那么谁都不会在群内长久待下去。那么用户加入群时通常会抱有哪些目的呢?

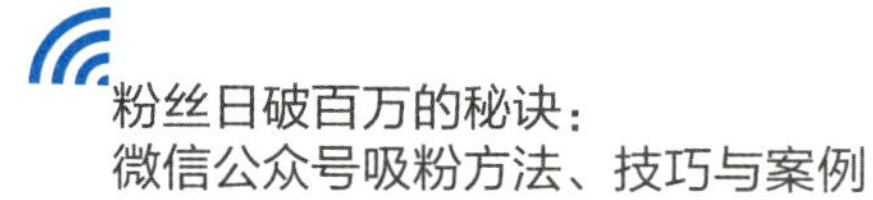

一定要设法满足用户的需求，为其提供干货学习、新闻播报、互动交友等服务，这样才能吸引更多用户的加入，使微信群变得壮大起来。

群名称

微信群名称是可以更改的，一尘不变的名称容易使成员产生审美疲劳，从而降低微信群的活跃度，所以建议大家隔一段时间，对群名称进行一次更改，选择当下新鲜、时尚，并且与群整体特色相符的新名字。这样一来不仅可以吸引群成员的注意，激发他们的讨论兴趣，还能提升微信群本身的活跃度。

群成员

从群成员入手就是要发现那些无效成员。常见的无效群成员包括以下三种：

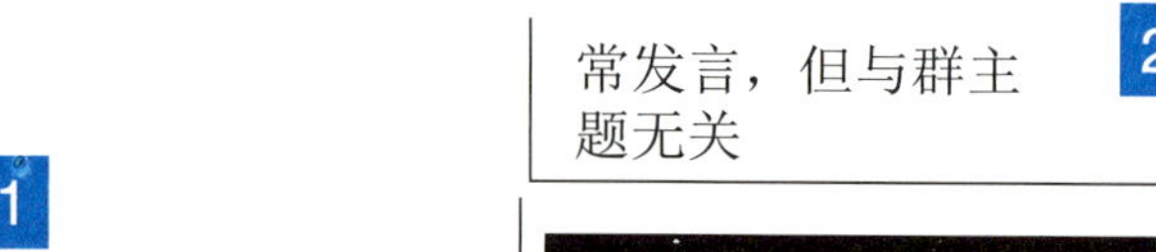

无效成员有时不仅不会为微信群带来活力，甚至会引领大家向负面方向发展，所以一定要定期处理无效成员，将他们踢出群外，这样才能保证群成员的纯洁性和活跃度，也能使整个群氛围变得更加舒适健康，让群成员轻松愉快地交流。

群兴趣

所谓的群兴趣就是用某件事物来提起群成员的兴趣，这是一个强调眼球经济的时代，做任何事情都讲究吸睛效果。微信群在运营时，也可以通过创造噱头来吸引群成员的关注目光和讨论兴趣，以此来提升微信群的活跃度。

例如通过群内的数个成员（也可以是小号），发出一些类似“现在的人怎么这样”、“群主的笑话太逗了，不行，我要再笑五百年”的信息，这种类型的信息较为突兀和夸张，又带有一定的神秘性和趣味性，很容易引发群成员的关注兴趣，使得群内的交流互动性加强，提升群整体的活跃度。

3.2.5 微信朋友圈引流

利用微信朋友圈也可以达到很好的引流效果。朋友圈引流要从四个方面入手，一起来了解一下吧。

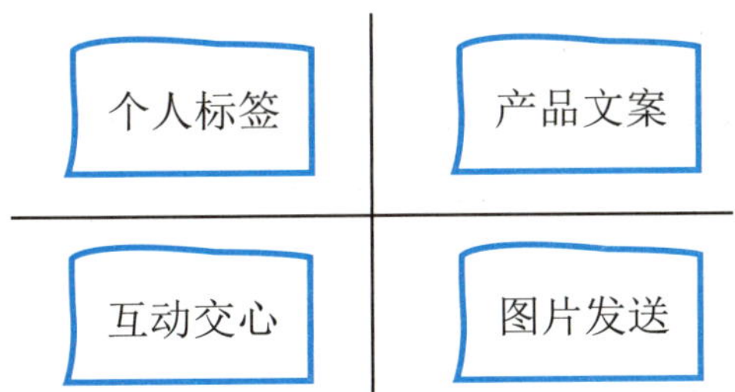

个人标签

个人标签写得好不仅可以吸引大家的目光，还能为公众号带来更加广泛的关注机会。个人标签设置讲究四个原则：

◆新奇：个人标签要足够新奇，因为有了噱头才能吸引广大粉丝的关注，如某卖拐公众号运营者将个人标签设置成了“打狗棒集中营”，吸引了众多粉丝。

◆关注：关注就是标签要涉及大众关注的话题，这样的话题也是大众喜闻乐见的内容，如："房价涨、食品涨，就是工资不肯涨。"

◆夸张：标签设置要相对夸张一些，可以选择当前网络常用语，不仅可以吸引粉丝，还能拉近与粉丝之间的距离。

◆配合：个人标签与公众号的名字和头像都要互相匹配，这样才不至于显得突兀生硬。

产品文案

想要利用朋友圈营销，做好产品文案工作是必不可少的环节，文案做得好，不仅可以引导潜在客户实行购买行为，还能创造有利的外部售卖环境。那么如何撰写产品文案呢?

◆主题：产品文案的主题一定要鲜明突出，让粉丝一看就心知肚明，可以在撰写主题时使用一定的强化符号。

◆字数：产品文案字数通常要控制在 140 字之内，这样才不会造成折叠，同时也符合碎片化的阅读习惯。

◆内容：产品文案内容要用最简单精炼的短语将产品特性表达出来，同时注意不要将话说尽，留一点讨论空间给粉丝，这样更容易产生传播效果。

图片发送

很多运营者喜欢在朋友圈刷图，而且这些图不是显示不清就是过于夸张，让好友看后产生误解，因此很容易对产品产生质疑。这样下去很容易会受到好友的屏蔽。那么在朋友圈发送图片应该注意什么呢?

◆频率：图片发送的频率一定要适当，不是越多越好。通常一天发送 5 条左右图片信息即可，发送太多会引起好友反感，忽多忽少也容易让好友生厌，所以一定要把握好频率，做到适时适当发送。

◆清晰度：选择发送的图片一定要有较高的清晰度和辨识度，这样才能给好友留下较好的印象。产品图片足够清晰才更容易让好友了解产品，从而产生购买欲望。相反，如果图片较为模糊，好友就会觉得是在掩盖什么内容，所以会产生不安全感，即便有意购买也会选择放弃。

互动交心

所谓朋友圈，就是朋友们一起建立起来的圈子，所以少不了沟通和互动，这也是微信公众平台的本质所在。不管是谁关注谁，彼此之间都可以建立起朋友关系，这样一来还可以增加信任感。有了信任，好友才会放心购买我们的产品。为了不辜负好友的信任，我们才会更加注重产品和服务的质量，更加致力于满足好友的需求，以建立起长足、稳定的关系。

平时可以多与朋友圈中的好友进行互动，探讨大家感兴趣的话题以引起更加广泛的关注和传播，不仅可以拉近彼此之间的距离，还能为公众号进行免费宣传。除此之外，平时还可以通过私聊和点赞来与好友建立起稳固而友好的关系，这样做活动时会更有 针对性，宣传推广效果也会更加明显。

3.3 微信功能，吸粉的加速器

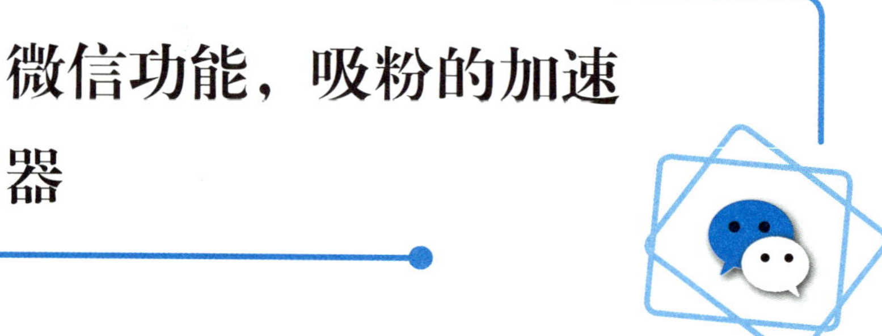

3.3.1 【二维码】

随着移动营销的兴起，二维码逐渐走进人们的生活，使得线上和线下实现了大融合，也使得二维码成为了众多公众号运营者吸粉涨粉的利器。那么如何利用二维码进行推广呢？

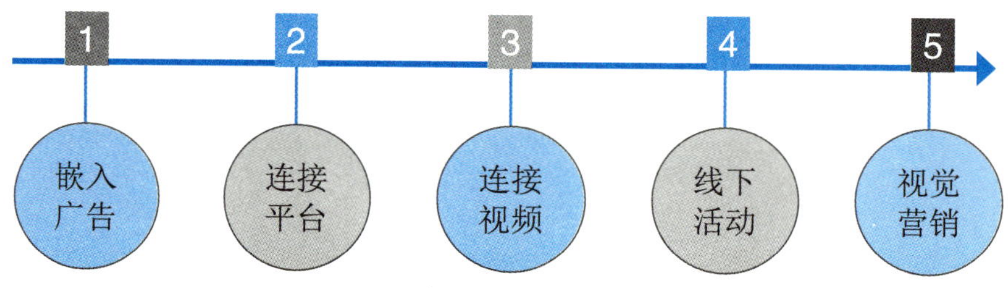

嵌入广告

所谓嵌入广告，就是将二维码嵌入到广告设计当中去。某女星内衣品牌就做过类似的活动。其广告画面是一位性感内衣模特，关键部位用二维码挡住，该街头广告引来了无数路人的围观，大家纷纷拿出手机扫描二维码，想知道二维码后面到底隐藏着什么。这种二维码嵌入到广告中的方式不仅提高了广告价值，也可以为公众号引来数不尽的流量。

连接平台

连接平台就是通过扫描二维码可以直接进入到品牌宣传平台，在这里用户可以了解商品的各种信息，实现线上任性购买消费，为消费者带来了极大的方便。

连接视频

可以将二维码变成一个多媒体，只要扫码就可以了解产品的视频介绍，或者各种有趣的内容。例如想要了解火灾报道时，只要扫码就可以观看现场视频等，很容易引来粉丝的围观。

线下活动

二维码因为需要介质推广，所以主要应用于线下。针对这一特点策划线下活动会引来极高的流量。如宝马旗下的 MINI 品牌为了宣传第一款 SUV 车型 COUNTRYMAN 的上市就曾在英国街头发起过寻找 MINI COOPER 的活动。他们提前在媒体宣告将有一辆车身印有二维码的全新 MINI COUNTRYMAN 行驶在街头，谁第一个扫码完成指定网页操作，谁就将拥有这辆车。这一公告一经推出就引起了极大的轰动，活动开始前就已经吸引了众多人的关注。

视觉营销

所谓视觉营销就是从视觉上吸引用户，增强与用户之间的互动。二维码并不一定非得是黑白相间，可以通过视觉设计来提高其可塑性。结合产品内容和品牌元素设计出一款独特的二维码，不仅看起来生动形象，最重要的是还能让粉丝一眼就能认出你，帮助品牌进行视觉性的传播。

3.3.2 【摇一摇】

作为微信中的一款有趣的小功能，“摇一摇”因为其不确定性而吸引了大批用户的关注。用户只要摇动自己的手机就可以匹配找到同样在摇手机的人，这个人可能就在我们身边，也可能离我们十万八千里，而正是这样的不确定性挑起了大家的好奇心，也为公众号运营者带来了不小的商机。这一节我们简单了解一下微信公众号如何利用“摇一摇”进行推广。

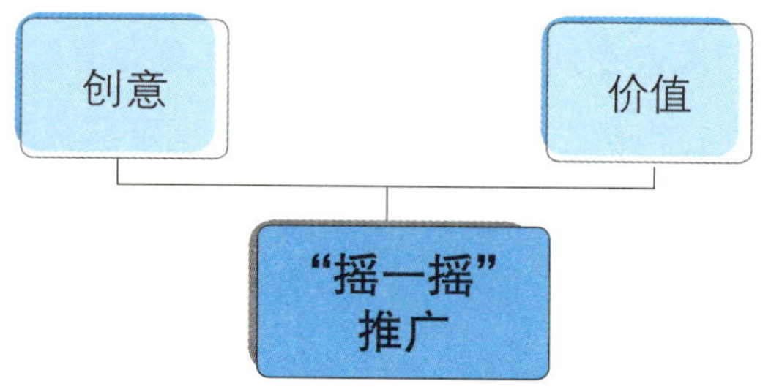

创意

公众号可以利用“摇一摇”进行活动推广，但一定要注重活动的创意。由于“摇一摇”本身就带有游戏意味，所以越有创意的活动用户的参与度就越高，参与的人多了，公众号推广的效果自然也会越好。

价值

活动要有一定的价值，除了好玩吸引人之外，还要让用户看到参与带来的“好处”。在设置活动内容时，可以添加促销、打折和会员卡等优惠信息，同时还能设置小礼品发放，只要用户“摇一摇”就有机会摇出“好处”，这样一来很容易会吸引更多的用户前来，对于产品的曝光率来说也有一定的促进作用。

3.3.3 【漂流瓶】

微信中的“漂流瓶”功能没有地域的限制，可以将全国各地的人们联系在一起，“漂流瓶”也因此成为了公众号推广引流的利器。利用“漂流瓶”可以免费打广告，而且这种广告可以传到全国各地，让产品的知名度得到有效提高。那么具体该如何利用“漂流瓶”来引流呢？

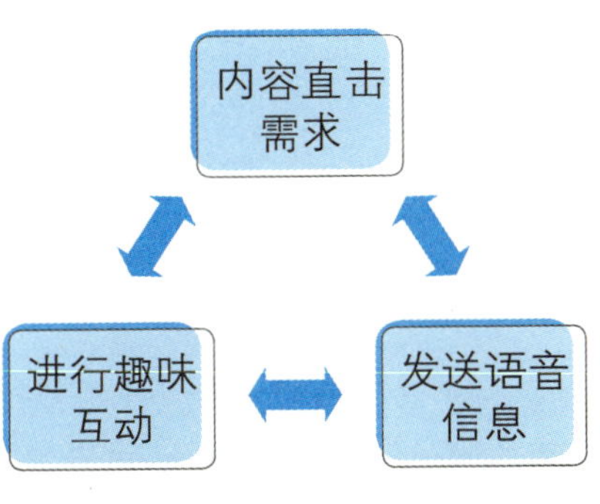

内容直击需求

在利用“漂流瓶”推广产品信息时，信息内容一定要直击用户的需求，让用户觉得“有利可图”，才能使推广有意义。可以在设置产品信息时，将产品的优势和特点突出显示出来，同时附上“关注即赠好礼”等较为吸引人的信息，以达到推广增粉的目的。

发送语音信息

“漂流瓶”内容不仅可以是文字，还可以录制语音。语音可以给人带来亲切感，而且大部分人相对阅读文字内容来讲更愿意收听语音。所以发送语音可以提高信息的阅读率和产品的曝光度。

进行趣味互动

由于不受地域限制，所以“漂流瓶”在做活动宣传时可以增加一些互动性和趣味性内容，这样可以将活动宣传到全国各地，加大宣传力度的同时，还能提高品牌认知度。但需要注意一点，“漂流瓶”每天的发放数量是有限的，建议大家修改瓶子的参数，以此来提高瓶子被捞到的机会。

3.3.4 【附近的人】

作为一款社交工具，微信的“附近的人”功能吸引了很多用户，其 LBS 定位服务不仅可以锁定用户的地理位置，还能定位周边的人，为商家带来了极大的便利。接下来我们将介绍如何利用“附近的人”达到引流的效果。

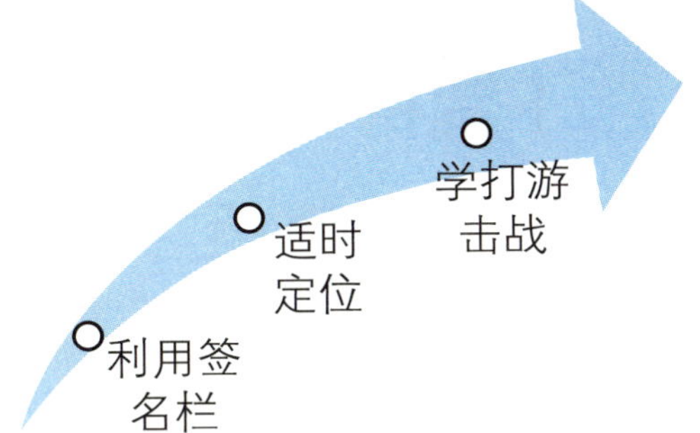

利用签名栏

“附近的人”有签名栏，可以利用这个区域将产品优势特点及优惠活动信息展示出来，达到免费推广的效果。需要提醒大家的是，签名栏不能超过30个字，所以一定要分析周全再进行设计撰写。

适时定位

利用“附近的人”进行推广时，一定要选择用户活跃度高的时间，这样广撒网才更容易找到精准用户。以餐厅为例，午饭和晚饭点是人们活跃度最高的时间，所以可以选择在这个时候利用“附近的人”推送美食信息以及折扣活动，这样可以得到一大批用户的关注。折扣信息也帮助不少选择困难症用户做下决定，提高其上门的概率。

学打游击战

所谓的游击战推广，就是在人群密集的地方打开“附近的人”，然后转移到另一个人群密集的地方，虽然发生了位置移动，但自己的信息仍然会在之前的地方保留一段时间。不仅如此，还可以利用多个手机小号到饭店、商场和超市等人群密集的地方定位传播信息。

3.3.5

【案例详解】招商银行的“漂流瓶”营销活动

招商银行曾经将慈善活动和“漂流瓶”相结合成功做成了一次营销活动。只要用户收到招商银行所发出的瓶子，进而关注公众号，就可以参加“小积分，微慈善”的平台爱心活动，为自闭症儿童献出自己的爱心。不仅如此，为了使这次活动影响更加深刻，招商银行还将语音游戏注入“漂流瓶”，不仅提高了用户的参与积极性，还进一步提高了公众号粉丝黏度，为自己建立起积极正面的形象，也为产品的推广做好了充分的基础准备。

招商银行的这次活动主题在于爱心和互动，虽然并没有将自身产品直接推出，但“小积分”也是产品的一种展示形式，不仅使自己的形象正面积极，语音功能也在无形中增强了亲和力，为产品的推广打下了坚实的基础。

3.4

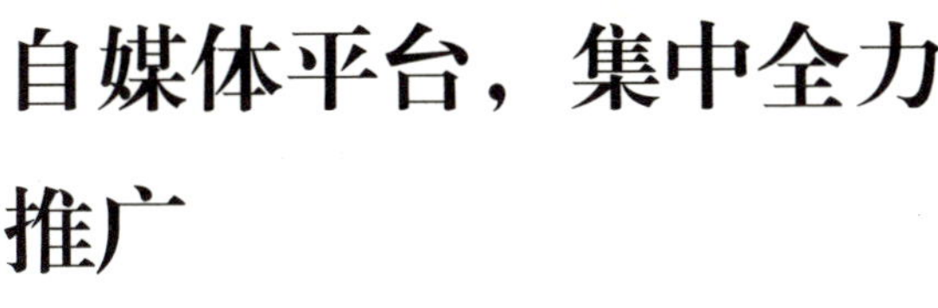

自媒体平台，集中全力推广

3.4.1 博客推广

如今博客的热度虽然较之前有所下降，但仍然是一个较好的引流平台。那么如何利用博客为公众号引流呢？这一节我们将为大家揭晓。

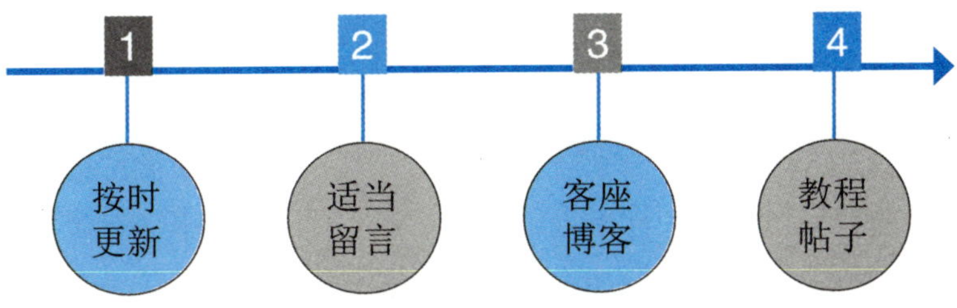

按时更新

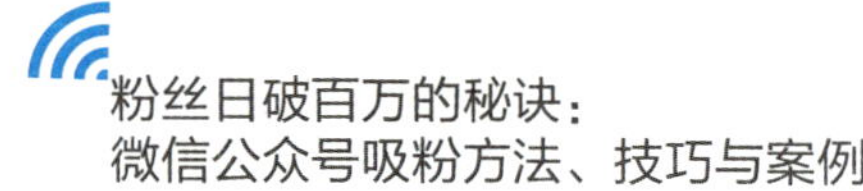

想要做好博客引流，就要按时更新内容，这样你的粉丝才会忠心于你，同时也能使自己的博客处于长期活跃的状态。可以说按时更新是博客引流的基础。

适当留言

平时可以多去粉丝较多的同行博客留言，同时附上自己的微信账号，这样也可以引来不少流量。需要注意的是，留言内容一定要有针对性，最好能够吸引博主进行反馈，这样也可以让更多的粉丝注意到你，为之后的借势引流打下基础。

客座博客

虽然国内客座博客应用较少，但以此作为引流的一种手段很可能成为未来发展的趋势。客座博客引流就是专门邀请相关方面的专家在自己的博客上发放帖子，与此同时自己也在对方的博客上发布帖子，达到双赢的效果。

教程帖子

通过发布教程帖子来引流的实用性相对较强，可以引来较多用户的关注，达到推广的目的。需要注意的是，制作的教程帖子一定要是自己较为了解的话题，而且要将标题设置得清晰明了，尽最大可能使自己更具说服力。与此同时，人们对于教程帖子的实用性关注度较高，所以不要一味地讲一些知识类信息，最好以落地指导为主，这样才能真正吸引到大家的关注。

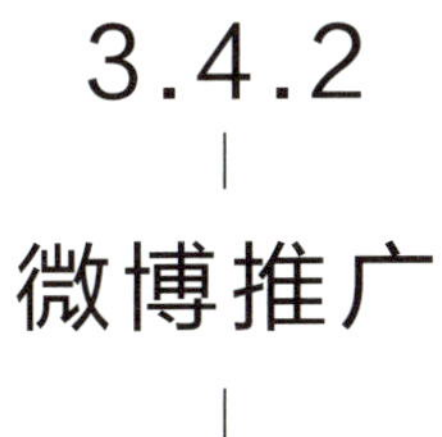

3.4.2 微博推广

利用微博引流是目前很火的一种方式，其实用价值和潜力也是十分巨大的。由于微博具有极快的传播速度，所以对公众号引流来说可以产生很大的助力。那么具体该从哪些方面利用微博引流呢？

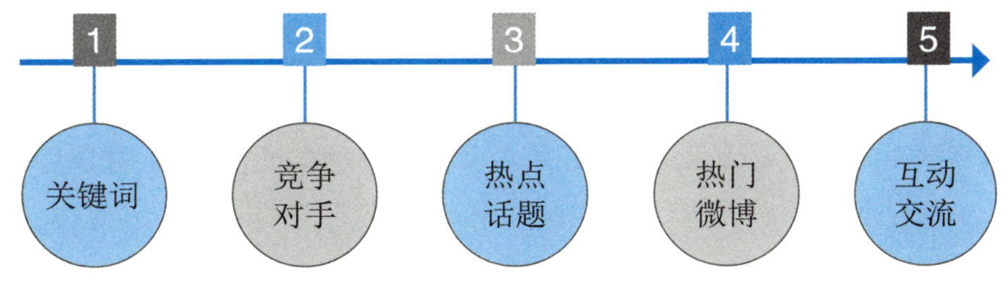

关键词

可以利用微博进行关键词搜索，按照时间或地域等关系进行精确查找，这样获得的用户较为精准。但在搜索时最好输入核心关键词。比如你的产品是奶粉，而买奶粉的客户通常都是父母，所以关键词可以锁定在“我家宝宝”或“我家闺女”，同时也可以按照昵称来搜索“妮妮妈妈”或者“花花妈妈”等。

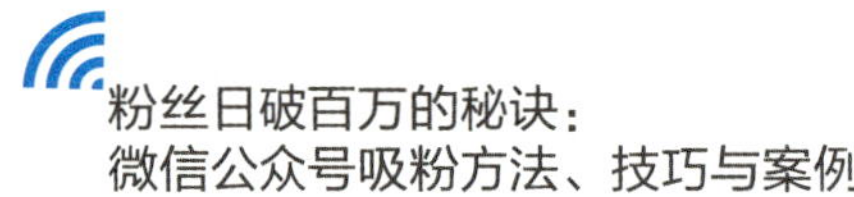

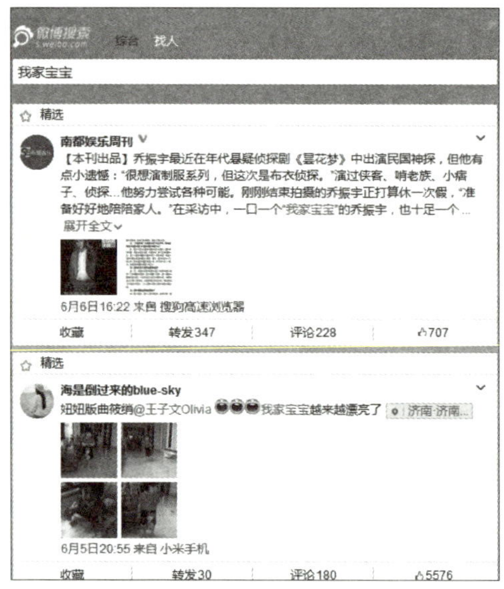

竞争对手

多关注竞争对手的动态，设法从对手那里发现精准用户。可以直接关注对手的微博，多与其粉丝进行互动，建立起长期的信任关系，这样更容易将对手的粉丝转化成自己的客户。

热点话题

平时要多关注与自己的产品相关的热点话题，然后发现跟你一样关注这些话题的人，这些人往往都是潜在用户，尝试与他们取得联系，并建立一定的好友关系，这样就可以获得一批精准用户。

热门微博

参与微博互动，找到相关行业的热门微博，观察转发和评论该微博的人，从这些人入手同样可以获得目标用户群。

互动交流

可以多做调查，关注一些相关人群，通常情况下只要你关注了他们，基于礼尚往来他们也会关注你。但不要一上来就发生硬的广告，容易让对方产生反感。平时可以多发表一些积极向上的评论。有了一定联系基础的用户，可以将新的产品信息或优惠活动 @ 给他们，建立起长期的互动关系。

利用微博引流不能单纯以做广告为目的，要将有价值和娱乐性的内容分享给大家，这样才能真正获得粉丝的支持。

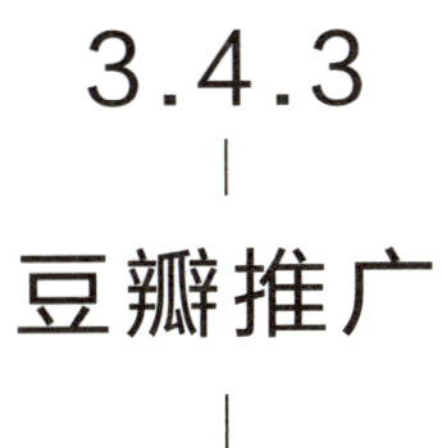

3.4.3 豆瓣推广

近些年，豆瓣引流成为了较为时兴的公众号引流方法。由于豆瓣网具有较强的权威性，用户的黏度又很高，再加上网站权重也高，受到了大批公众号运营者的青睐。那么如何利用豆瓣来进行引流推广呢？

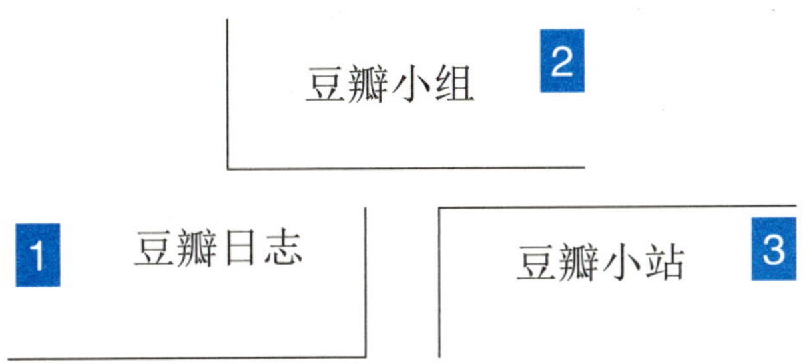

豆瓣日志

如果将文章发布到豆瓣日志和自己的网站你就会发现，发布到豆瓣日志的文章要比发布在自己网站的文章在百度的排名靠前很多，那么在豆瓣日志

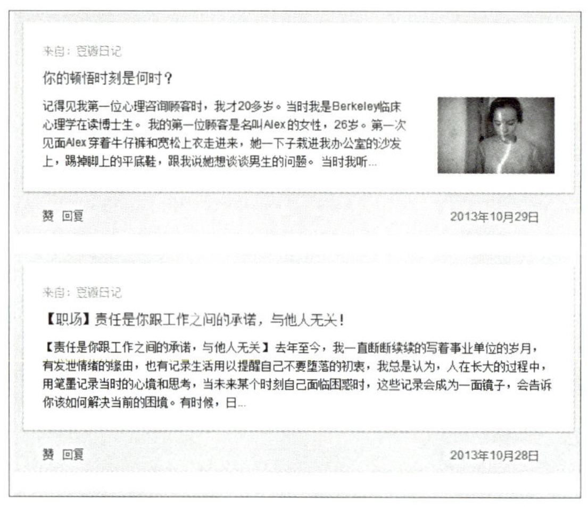

发布文章有什么技巧呢?

◆在标签处填写文章的关键词可以有效提高文章的排名。

◆不要急于求成，最开始的两三篇文章收录机会人一些，但之后的文章收录速度相对较慢，所以要耐下心来坚持做才能收到好的效果。

◆多设立几个豆瓣账号撰写文章，这样可以降低封号的风险。

◆用一个账号发布文章后可以换其他账号回复，在回复时，一定要将回复内容写得实际一些，同时要有较高的针对性，这样对提升排名有促进作用。

◆有了较高的排名后还要防止垃圾广告的覆盖，所以可以设置不可回复状态，以免遭到官方监控和删站。

豆瓣小组

利用豆瓣小组引流分为直接引流、发帖引流和回帖引流三个方面：

◆直接引流：直接用豆瓣小组引流可以直接让用户明白运营者的引流目的。常见的方式包括兼职小组的各类兼职推广和同城小组的商家推广等。

◆发帖引流：选择较为生活化的一个小组进行发帖引流，在所发布的帖子中涵盖要引流的帖子。

◆回帖引流：可以通过购买淘宝账号来刷赞，从而引起大家的注意。同时也可以利用站长工具，回复排名靠前的帖子，以此达到引流的目的。

豆瓣小站

利用豆瓣小站引流时，可以在小站中设立品牌和店铺，并在其中发表相关产品信息。需要注意的是，豆瓣作为一个文艺网络平台，对广告向来打击很重，所以最好将引流的信息做好“伪装”，隐藏在生活化和文艺化的内容之中，让生活化的内容与这些产品信息巧妙结合，这样既不会被封号，同时也能达到推广自己的目的。

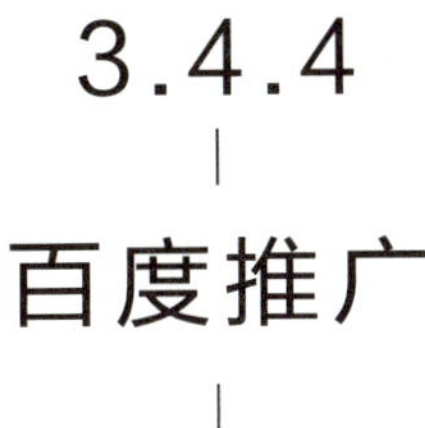

3.4.4 百度推广

百度平台也是一款常见的引流工具，百度文库因其较强的互动性和分享价值极高，因而受到了广大公众号运营者的青睐。那么如何利用百度平台来进行成功引流呢？

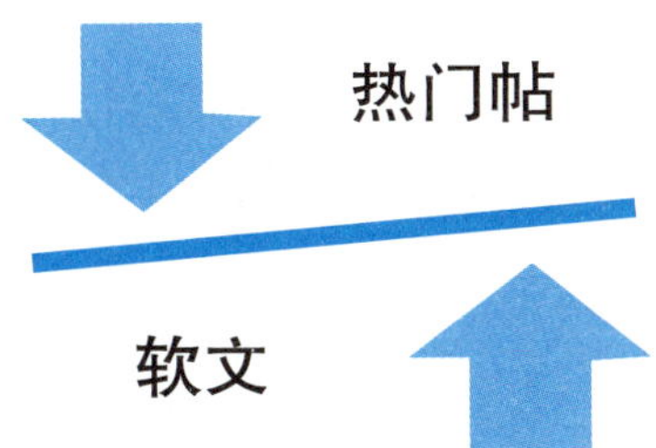

热门帖

百度热门帖子的关注度非常高，所以根据这些热门贴做一定的修改放置到不同的贴吧中后，就可以增加帖子通过的几率。如果某个贴吧的管理员管理较为宽松，那么甚至可以直接在帖子中植入网站，以此来达到引流的目的。

软文

虽然很多贴吧禁止添加链接，但也并不是完全绝对的。平时可以在贴吧中多发布一些有价值的帖子，将自己的软文实力展现出来，产生较大的影响力和感染力，这样管理员就会放宽政策，只要能给大家带来有意义有价值的内容，发送链接也就能被允许了。

不管是链接还是广告，都很难通过审核，所以想要利用百度平台引流，最好以发帖的形式将产品信息或链接推广出去，这种悄无声息的方法才是更明智的选择。

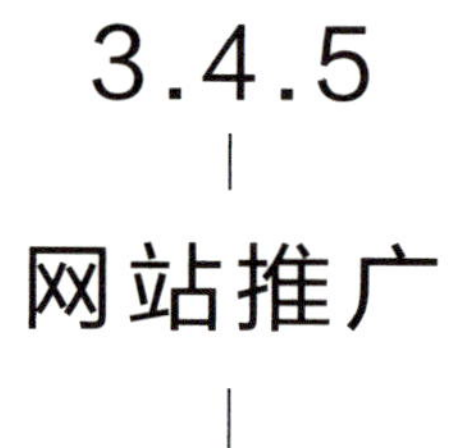

如今不少公众号运营者喜欢利用各大网站引流，其实网站引流最关键的就是要提高转化率。那么具体该如何操作呢？

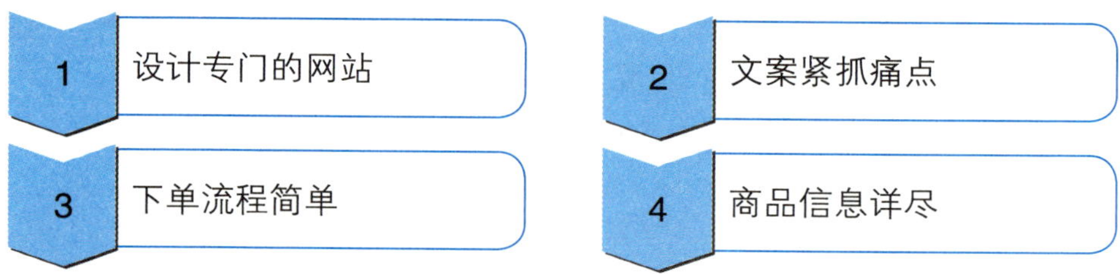

设计专门的网站

不同的人有不同的购物习惯，有的人喜欢自主在网站搜寻，而有的人则喜欢直接找客服询问。与此同时，不同职业的人也有不同的购物习惯，大型机电及工业设备业内人士注重产品的质量和规格，而零售业内人士则更注重产品的价格，对打折商品或优惠活动会十分敏感。所以可以设计专门的网站，考虑到不同消费者的习惯，这样才能达到较好的引流效果。

文案紧抓痛点

从某种程度上讲，网站文案的写作靠的是心理学。因为文字功底固然重要，但想要用户在网页浏览时一眼就发现你的产品，很大程度上还是要看文案本身是否抓住了用户的痛点，是否能够在短时间内将用户吸引过来。那么如何抓住用户的痛点呢？我们以网站口号为例，它通常位于网站的首页，所以使用大号特殊颜色的字体更显眼一些。口号的内容既要简短又要有力度，字数不要多于 20 个，只要将网站和产品的优势体现出来，戳中用户的痛点即可。这样就能使用户有进一步阅读下去的欲望。

下单流程简单

大部分用户不喜欢在下单流程上花费太多的时间，而很多网站购物车是软件商设计的，有的购物车不允许用户在未登录的状态下将浏览看中的商品加入购物车内，这样很容易导致用户直接放弃购买产品，所以在选择购物车程序的时候尽量以方便快捷为主，这样引流的效果会更好。

商品信息详尽

商品信息越详尽越能减少用户购买的阻力，而能够满足用户对商品资料进行仔细查看的需求，也是网络购物的一大特色，所以要尽可能多地将商品的各项参数资料展示给用户。这样不仅有助于消除用户的疑虑，还能帮助其解决消费前的各种问题。

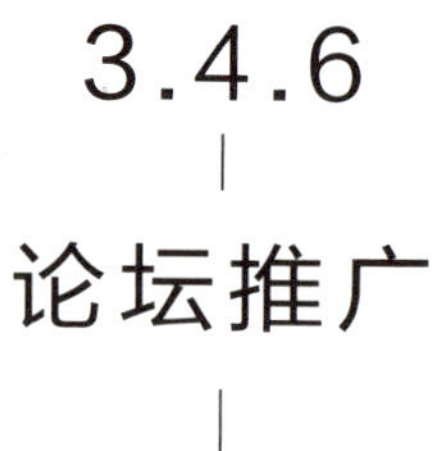

3.4.6 论坛推广

作为最早出现的在线社区，论坛拥有较为庞大的用户人群和极高的活跃度，因此而成为了公众号运营者争相追捧的引流利器。想要利用论坛引流，就要学会一些引导手段，接下来我们就来学习一些常用的论坛引流方法。

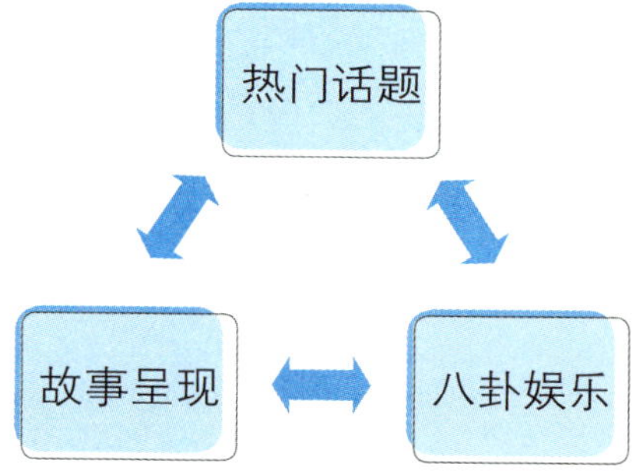

热门话题

大部分人都有围观凑热闹的心理，所以公众号运营者可以在论坛中发布近期热门话题，吸引周围的人前来参与，通过这种方法来引爆论坛，引起更多人的讨论，以此来达到引流的目的。

八卦娱乐

很多人都喜欢看八卦娱乐，当今具有娱乐性的内容也更易被人们接受。所以运营者可以将文章写得更具娱乐精神，适当八卦一些，为用户提供更广阔的讨论空间，这样可以达到吸睛、吸粉的目的。

故事呈现

大部分人喜欢听故事，因此带有故事的内容从来都是吸引用户关注的重要方法。在撰写论坛内容时，建议穿插故事描述，不仅可以提高文章的可读性，还能提高用户的关注兴趣，达到引流推广的目的。

3.4.7 线上线下整合推广

其实不管是线上推广还是线下推广，都有各自的优势，而若能将二者进行充分整合，其所发挥出的优势将会更加明显。那么如何进行线上线下的整合推广呢?

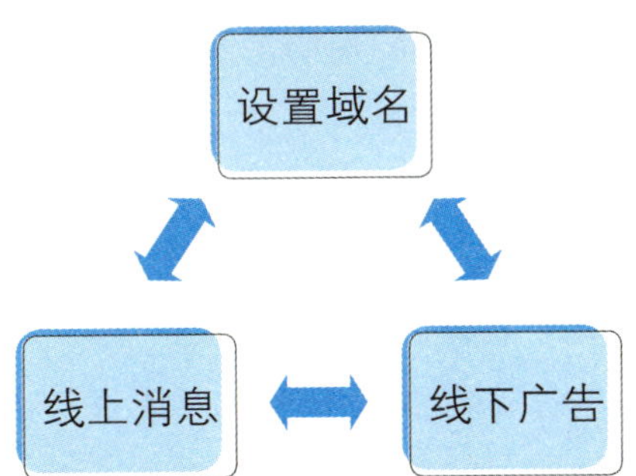

设置域名

网络域名就如同人的名字，同样以简短精炼为好，这样更有利于大家记忆。与此同时，在设置域名时可以选择公众号或产品和团队的拼音或英文缩写形式。例如腾讯网域名 www.qq.com 就与其产品名称基本一致，再如百度域名 www.baidu.com 则与公司名一致。这样更有利于推广和传播。

线下广告

在线下做广告宣传时，可以设法鼓励用户主动去搜索某个关键词来达到引流的效果。例如“度娘搜索 xxx，重磅消息抢先看”，或者还可以设置各种活动，如“搜索关键词 xxx，即可进行免费抽奖活动”等。

线上消息

线上活动消息的发布一定要与线下活动相一致，如果好不容易通过线下报纸或地推的方式让用户主动搜索公众号，结果在线上却没有找到相应的信息，那么很容易让用户产生不信任感，从而放弃参与活动，这样就损失了一部分潜在客户。所以线上消息的发送要与线下相配合，达到高度同步，否则将会产生不良的影响。

3.4.8 APP 推广

APP 也是近年来比较流行的推广方法。常见的 APP 包括社交型 APP 和购物型 APP，根据不同类型的 APP 特点，可以采取不同的推广方法。

社交型 APP

社交型 APP 的“搜索附近的用户”这一功能可以帮助运营者将周围的陌生人加为好友，通过不断的互动发展成为自己的粉丝，社交型 APP 典型的代表就是陌陌。

购物型 APP

购物型 APP 的典型特点就是搭配和晒物，因此运营者可以在晒物频道将自己的产品展现给大家，加上简短的文字介绍，不仅可以吸引大家的目光，还能达到推广产品的目的。购物型 APP 典型的代表就是蘑菇街。

除了以上两种 APP 之外，我们还可以制作属于自己的APP。如果你卖的产品是化妆品，那么就可以在自己的APP上定期发送一些有关美容化妆的常识，再把这些内容分享到朋友圈、博客、微博或陌陌。那些想要学习美容化妆的用户一旦从你发的内容中受益，就会对你产生一定的信任感，从而主动下载APP。如果有微店的话，还可以将微店与APP连接，这样用户就可以边欣赏内容边查看产品。当你的APP发展到一定阶段后，不仅可以用来发布信息，还可以充当论坛，成为一款属于自己的综合性平台。

APP的运营需要耗费大量的时间和精力，所以运营者要坚定信念，脚踏实地的走下去，让APP为自己带来更高的人气和流量。

3.4.9 用阿里系平台引流

有人说阿里与腾讯水火不容，二者不可能互相兼容。而事实并非如此。公众号运营者利用阿里系平台，同样可以达到引流推广的目的。

阿里商友圈

公众号运营者可以充分利用阿里巴巴商友圈中广阔的商业团体和商友圈来拓展人脉，具体方法如下：

◆做好用户定位

商友圈中的很多诚信通用户不仅是买家，同时还是卖家，所以运营者首先一定要做好调查，在众多诚信通用户中找到自己的目标用户。

◆掌握用户需求

有了目标用户之后就要分析用户需求，并针对用户的需求从产品质量、服务质量和发货速度上做出明确把控。

◆找到核心竞争力

掌握了用户需求，就要根据需求找到自己的核心竞争力，并将这些竞争优势突出展现出来，这样才能真正打动用户。

◆设立主题

可以针对核心竞争优势来设计软文主题，这样将自己的优势潜移默化植入用户的脑海，从而树立起坚实可靠的品牌形象，达到吸粉的目的。

阿里生意经

在阿里生意经上，大家可以通过问答的形式解决各种商业难题。在这里大部分商业疑问都可以找到答案，而且专业性较强。作为一款问答型商业知识库，阿里生意经可以为公众号运营者提供问答机会，而运营者也可以通过提问和回答来提高自己的人气和信任度，这样下去就可以积攒不少的人气和流量。

3.5

其他推广方式，吸引潜在粉丝

3.5.1 利用门户网站的细分板块

想要利用微博、百度等平台进行公众号推广，运营者通常需要一些较为隐蔽的手法和技巧，否则很容易被屏蔽。但利用门户网站推广则相对简单一些，只要没有过于疯狂的举动，通常不会被屏蔽或封号。那么如何利用门户网站来推广呢？

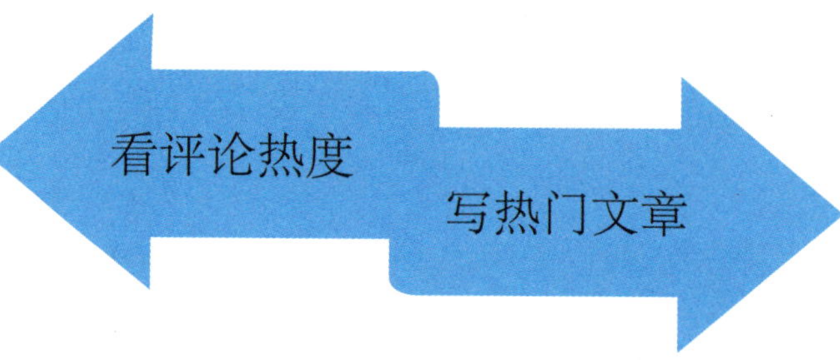

看评论热度

运营者可以利用门户网站的细分板块进行推广，需要注意的是，在推广前首先要找到评论热度较高的门户网站，例如新浪和网易等。例如可以在新浪的体育板块加入自己的软文或段子进行推广。

写热门文章

利用门户网站推广时还要找到当前的热点。以新浪体育板块为例，该板块通常会有大量与体育赛事有关的文章，根据赛事要点来撰写软文推广容易成为热门文章，很容易被大家支持。大部分体育爱好者对这种推广效果不会厌烦。

除了以上两点之外，利用门户网站细分板块推广还要及时更新内容，不要一个段子用到老，这样容易让大家反感生厌。

3.5.2 视频引流的强大作用

自从微信小视频功能上线之后，很多公众号运营者开始利用视频引流，微信视频营销也引起了社会各界的广泛关注。那么利用视频推广引流需要注意什么呢？

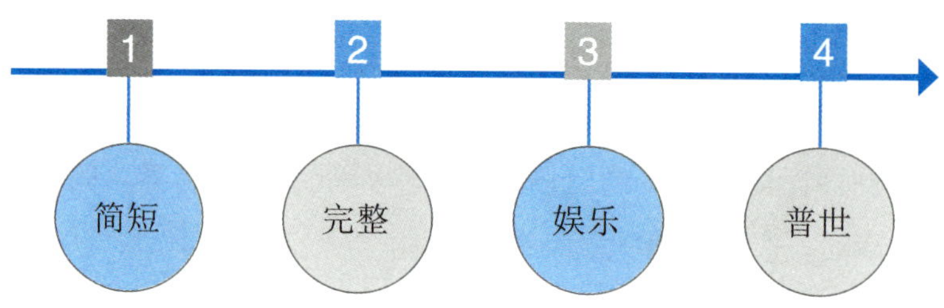

简短

为了符合当今人们的碎片化阅读习惯，运营者尽量将视频内容控制在一分钟之内，以简短为好，否则用户很难也没有时间耐着性子看完。

完整

不要一味地追求简短而将视频内容制作得不够完整。这样容易引起用户的反感，所以视频内容要讲述一个完整的故事或情节，这样才能最大化提起用户的兴趣。

娱乐

这是一个全民娱乐的时代，人们更倾向于欣赏一些搞笑好玩的内容，所以在视频内容中适当加入一些娱乐性内容更容易被大众认可和接受，自然也更有利于推广和传播。

普世

所谓的普世，就是视频内容尽量是大众所认可和接受的，否则非但达不到引流的效果，反而遭大家厌恶，导致掉粉无数。

视频营销对于公众号运营来说起着至关重要的作用，如今公众号内容已经不再停留于简单的文字和图片，而在向多元化发展，视频营销让内容的表现形式更加新颖独特，也更容易引起大家的广泛关注，从而创造出更大的经济效益。

3.5.3 短信推广有妙招

虽然大部分智能手机都有短信拦截功能，但大部分用户看到有拦截信息时通常都会习惯性地打开查看，所以即便是被拦截的短信，只要有亮点，仍然会成为公众号推广的有力武器。那么利用短信推广有什么妙招呢？

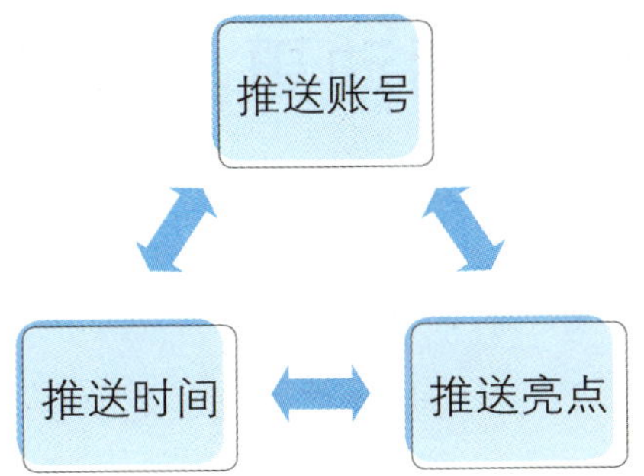

推送账号

利用短信推送时既可以直接将二维码放置进去，也可以将公众号的账号编辑到短信内容中去，这样不仅可以宣传产品信息，同时也可以推广公众号。

推送亮点

推送亮点就是在短信中表达出切合用户心理需求的亮点，除了之前我们提到的各种优惠信息和活动等内容之外，在这个移动智能时代，人们对网络的需求越来越强烈，所以可以在短信中以畅享无线网络为亮点吸引用户。这对于公众号推广引流来说具有重要的作用。

推送时间

利用短信推送时也要注意时间的把控。由于短信发送内容没有时间和数量的限制，所以很多运营者频繁地给用户发送内容，这种做法是万万不可取的，因为很容易引来用户的反感。建议大家选择较为典型或特殊的日子发送短信，如节假日或周年庆等，这样不仅不会让用户感到厌恶，反而会使他们感受到我们的用心和贴心，很容易调动起用户的积极性。

3.5.4 线下活动更具看点

很多公众号运营者发现单靠线上引流已经很难满足日趋激烈的市场竞争了，因此进行线下引流对于公众号推广来说也是十分必要的。那么线下引流有什么技巧可循呢？

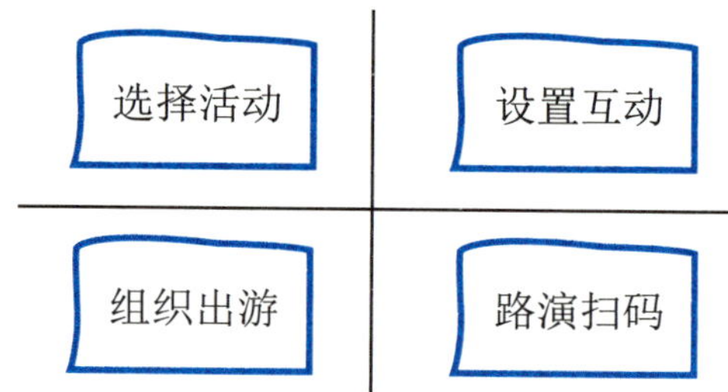

选择活动

想要做线下活动首先要选择好活动类型。在选择活动时可以挑自己感兴趣的做，因为这样做起来才更有动力。与此同时，还要注意你所选择的活动是否与产品的定位相匹配，只有符合产品主题，才能真正起到引流推广的作用。

设置互动

做活动最怕的就是冷场，所以要提前设置好互动环节，防止冷场的状况发生。只有动员全场的积极性，形成强烈的互动，才能真正让用户参与进来，其配合度也会大大增加。

组织出游

对于大部分运营者来说，公众号粉丝之间可能根本不熟悉，所以可以组织大家进行一次集体出游，在游玩的过程中拉近彼此之间的距离，同时还能结识更多的好友，活动影响力足够大还能为自己带来更多的分享转载量和评论量。

路演扫码

所谓路演扫码就是让相关工作人员身穿卡通服装，服装上印有公众号二维码，或者雇几个会唱歌跳舞的持码人来吸引路人的围观，引导大家扫码关注公众号。这是一种较为常见的线下引流方式。

3.5.5 不容忽视的推广误区

很多企业会通过微信公众号来进行品牌推广，作为企业的命脉，品牌的推广也成为了微信与企业最好的连接点。那么在进行公众号推广时，企业应该注意避免哪些误区呢？

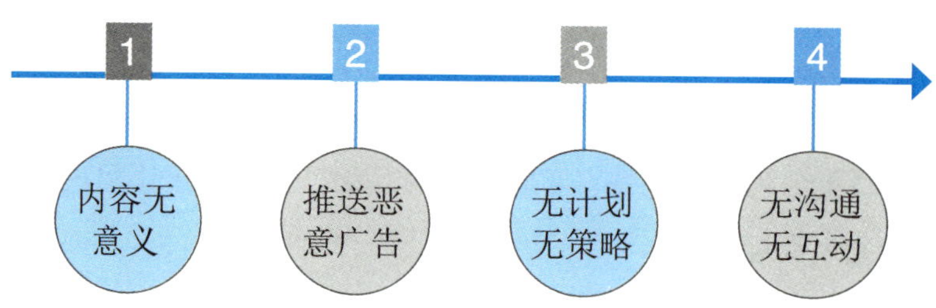

内容无意义

公众号内容必须要有价值才容易被用户接受，如果没有深度和说服力，甚至直接抄袭网上已经泛滥的文章，很容易引起用户的反感。所以在内容上尽量以原创为主，经过耐心整理之后再推送给用户。与此同时不要过于枯燥，要增加一些娱乐性的元素，文章风格以口语化为好，将用户当成自己的朋友，这样才能真正打动用户。

推送恶意广告

有些公众号天天发广告，拿微信公众平台当微博使，这样下去久而久之会让用户反感，进而屏蔽消息或取消关注，得不偿失。建议运营者不要拿公众号当群发机器，广告发送要做到适可而止，否则会给自己带来更多不利的负面影响。

无计划无策略

很多运营者在公众号运营的过程中无计划无策略，一会儿做天气查询，一会儿又弄微网站，在推广时也是乱用资源、乱花预算，结果导致自己乱了方寸，不仅做不好推广，现有粉丝也保不住。

无沟通无互动

有的运营者认为只要用户订阅了自己的公众号就万事大吉了，殊不知沟通与互动才是公众号运营最关键的地方。互动不仅仅是引导用户回复关键词来获取相关资讯，同时还要与每一位用户对接，回答每一位用户的疑问，同时与每一位用户进行情感交流。这样才能保证用户黏性，沟通与互动才是留住用户的关键利器。

3.5.6 【案例详解】中国银行北京分行的活动推广法

2014 年 6 月，中国银行北京分行微信公众号正式上线，自上线以来其基本每个月都会举办主题活动，包括六月份到七月份的“招兵买马”活动、八月份到九月份的“壁纸点点来”活动、十月份的“幸福满墙”活动、十一月份的“中行伴我游”活动，以及十二月份的“欢乐砸金蛋”活动等。通过数据观察我们发现，这一系列活动不管是策划、开发还是运营，都基于微信来开展，其粉丝数量要比没做活动高出十倍以上。

在中国银行北京分行微信公众号上，用户可以实现预约购买贵金属、大额现金、贷款和汇率查询等服务，而且通过地理位置还能办理本地 O2O 便携式业务。不仅如此，中行对于未来活动还进行了精心的策划，希望每月都能给用户带来更多的惊喜，同时也为其粉丝带来了无限期待。

加大维护力，创造死忠粉丝军

4.1 互动交心，做好粉丝沟通

4.1.1 和粉丝有效互动

在做微信公众号营销时，我们经常遇到的问题就是不知道如何与粉丝开展有效互动。如果这个问题无法解决，后续环节也很难进行下去。那么，怎样做才能和粉丝进行良好的互动沟通呢？

2 发送优质内容

1 拓展互动渠道

3 使用粉丝喜欢的形式

拓展互动渠道

要想与粉丝进行有效互动，就要拓展现有的互动渠道，不能把互动交流仅限于微信公众平台上，而是要通过 QQ、邮件、论坛等多种形式，产生交叉配合的效果，与粉丝建立更为紧密的联系。

此外，如果有条件的话，最好开通线下面对面互动交流的渠道，如粉丝见面会、线下体验店活动等，通过现实中的沟通，与粉丝建立牢不可破的关系。

发送优质内容

内容是微信公众号与粉丝进行沟通的关键，就好像现实生活中的面试一样，成功与否在很大程度上取决于面试双方所聊的内容。

我们在发送内容时需注意以下几点：

1. 广告类内容、重复类内容、违反社会道德和法律法规的内容，都是坚决禁止发布的。因为这样的内容不但会引发粉丝的反感，还可能引起封号或受到法律制裁。

2. 内容传播的基础是粉丝，只有符合粉丝需求的内容才是好内容。比如大部分粉丝喜欢创业类故事，我们在内容上就要侧重于这一方面。

3. 在内容效果不会被破坏的前提下，我们可以发送一些宣传推广类信息，但是此类信息对于粉丝来说要有一定的实用价值。

使用粉丝喜欢的形式

粉丝喜欢哪种形式的内容，我们就要将内容加工成哪种形式。比如粉丝喜欢评论类文章，我们的内容就要加工成评论文章的形式；粉丝喜欢论坛帖子，我们的内容则加工成帖子形式；若粉丝喜欢看视频，我们就可以将内容做成视频的形式。

当然，无论是何种形式的内容，都要加强与粉丝之间的互动，允许他们将自己的想法和意见表达出来，这样才能引发粉丝最大的关注兴趣。

4.1.2 推送有营养的信息

什么是有营养的信息呢？答案就是对粉丝有用的信息。因为只有这样的信息才会引发粉丝最大的关注兴趣，从而起到良好的吸粉、吸睛效果。

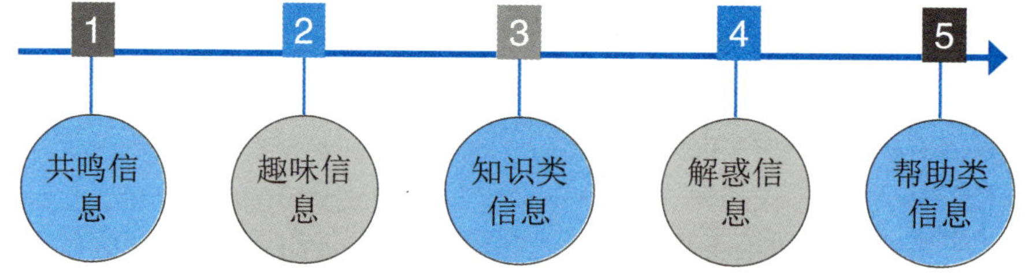

共鸣信息

引发粉丝内心共鸣的信息，是很容易起到良好的转发效果的。比如《献给 90 后：大学生一毕业就失业》，对于那些刚刚进入社会，不断碰钉子的应届大学生来说，从这篇文章中可以看到很多自己的影子，引发强烈的共鸣和认同，从而使他们愿意进行分享和传播。

趣味信息

从心理学角度上说，分享快乐是一个人的天性，而幽默有趣的东西一直受到大众的喜爱。这一点从朋友圈中层出不穷的幽默段子、视频中就可以看出，而且此类信息的转发率一般较高，能够起到很好的吸粉吸睛效果，是不错的推送选择。

知识类信息

绝大多数人都有学习新知识的潜在欲望，所以好的知识会引发很多粉丝的关注，并受到粉丝的欢迎。比如《头晕恶心想吐是怎么回事》，此类信息和日常生活密切相关，又确实戳中了大多数人的疑惑点，很容易起到出色的吸粉作用。

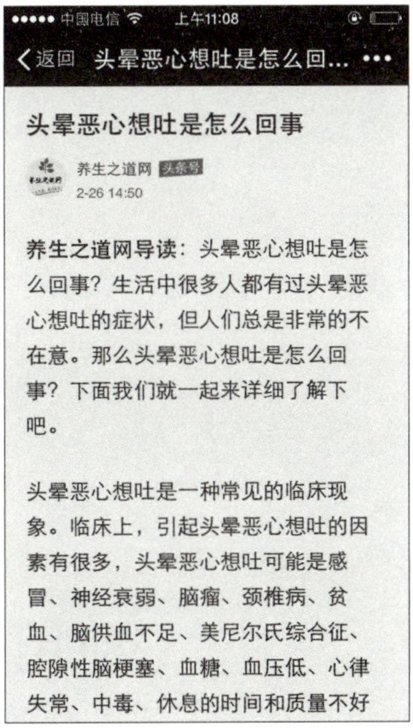

头晕恶心想吐是怎么回事

养生之道网 头条号
2-26 14:50

养生之道网导读：头晕恶心想吐是怎么回事？生活中很多人都有过头晕恶心想吐的症状，但人们总是非常的不在意。那么头晕恶心想吐是怎么回事？下面我们就一起来详细了解下吧。

头晕恶心想吐是一种常见的临床现象。临床上，引起头晕恶心想吐的因素有很多，头晕恶心想吐可能是感冒、神经衰弱、脑瘤、颈椎病、贫血、脑供血不足、美尼尔氏综合征、腔隙性脑梗塞、血糖、血压低、心律失常、中毒、休息的时间和质量不好

解惑信息

人们都有求解心中疑惑的需求，也就是所谓的“好奇心”，当这种好奇心被满足时，人们自然很愿意进行转发和分享。比如《为什么有的人工作5年月薪还是少得可怜？》不但能够激发很多职场人的解惑欲望，而且可以使他们产生共鸣，进而产生很好的转发效果。

帮助类信息

帮助类信息可以帮助粉丝解决生活或工作中遇到的问题，从而获得更多粉丝的支持。例如《2015，绝对不要在公司混日子！激励了无数人》、《企

业营销的核心，揭秘如何与用户建立沟通策略》等。此类信息的转发率往往能达到 40% 左右，是十分可观的。

4.1.3 利用微社区收集意见

微社区是康盛 Discuz! 团队创建的移动端创新社区。它在微信公众账号中得到了广泛应用，对于增加粉丝黏度、打造移动端人气社区具有十分重大的意义。

申请微社区的步骤如下：

1. 在地址栏输入 wsq.qq.com，进入首页后选择“立即开通”。

2. 在新页面中填写个人信息，填写完成后选择“下一步”。

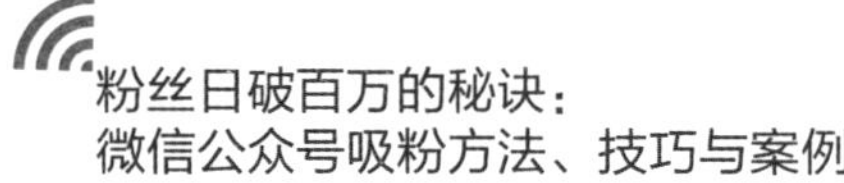

3. 将微社区资料填写完整，然后提交，进入审核页面，耐心等待审核。

申请成功之后，接下来就是绑定公众账号了。一般来说，有以下三种不同的绑定方式：

1. 如果是服务号或认证通过的订阅号，就可以通过公共账号的自定义菜单功能自行绑定，进行微社区链接。

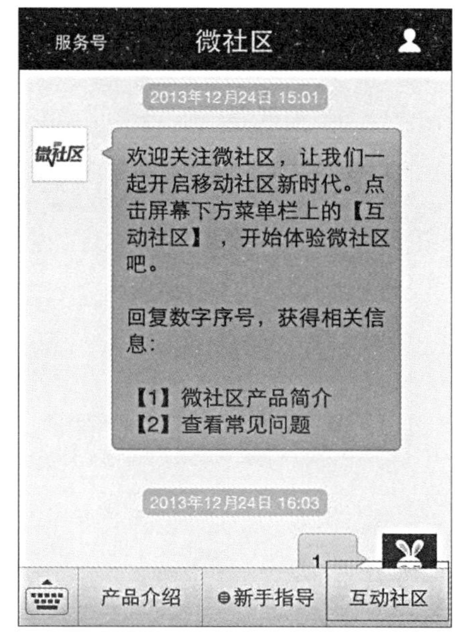

2. 通过公共账号的自动回复功能，在欢迎内容中放置微社区地址和相关介绍。

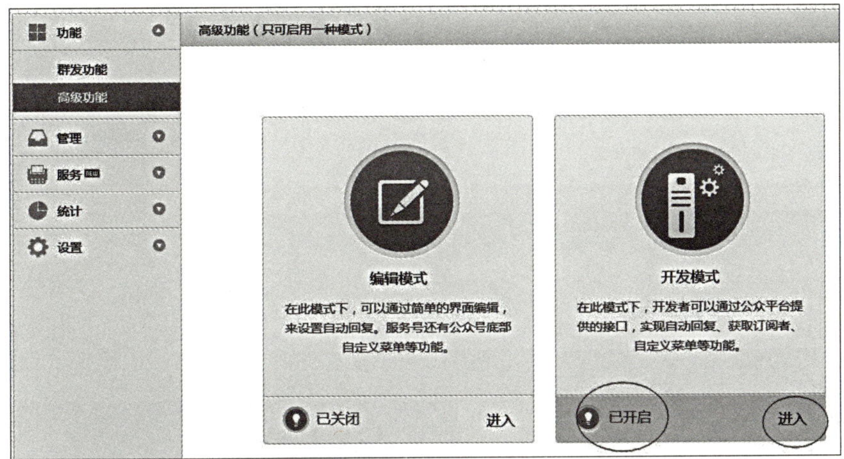

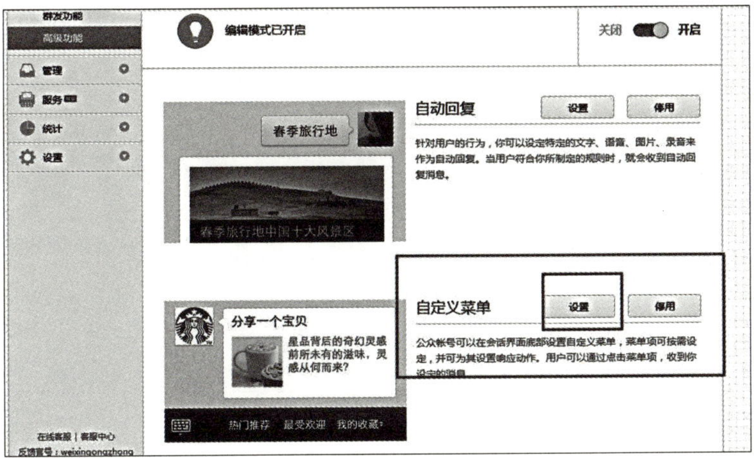

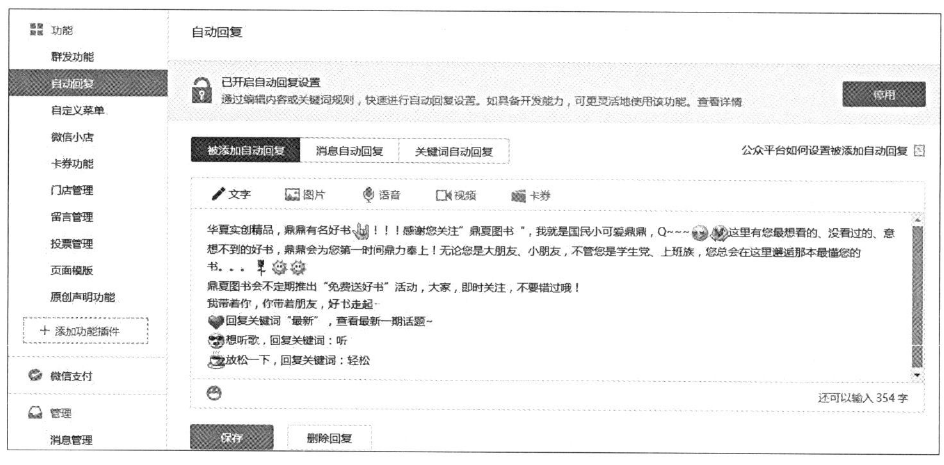

3. 通过订阅号功能中的“每日推送”，给粉丝推荐微社区中的精华内容。

4.1.4 【案例详解】南方航空的沟通术

2013 年，南方航空公众号正式上线，并成为国内首家提供微信值机服务的企业公众号。在之后的几年时间里，其功能不断完善，陆续增添了机票预订、航班查询、出行指南、天气查询等各项业务，为用户提供了全面、贴心的航空特色服务，得到了广大用户的好评。

其实，南方航空公众号的成功，更多在于为用户提供了一个互动沟通的功能性平台。目标用户能够将平时需要经过多渠道享受的服务，通过公众号这一单独平台实现，极大满足了他们对查询和出行的便捷化需求。

在南方航空公众号的经营过程中，沟通始终处于比营销更重要的地位上。根据与不同用户间的沟通，公众号新增并完善了不少新功能，提供了个性化的服务。例如只在用户邀约办理值机的时候，才提示关注公众号信息；群发消息选择极为慎重，尽量避免骚扰用户等。南方航空通过这种独有的沟通术，做到了以客户为中心，在与客户的有效沟通中，不断调整经营策略，从而达到不断满足客户需求的经营目的。

4.2

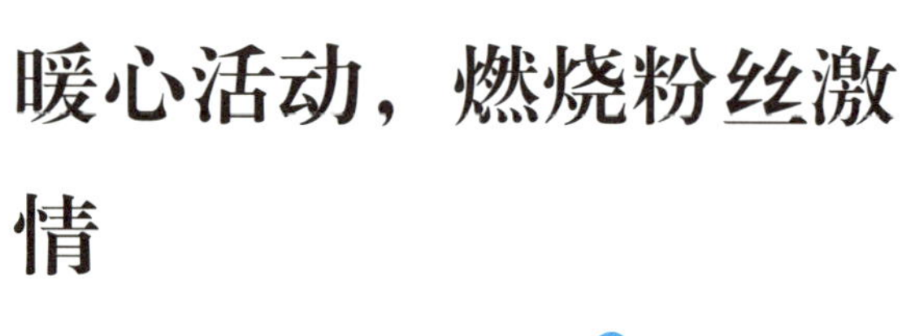

暖心活动，燃烧粉丝激情

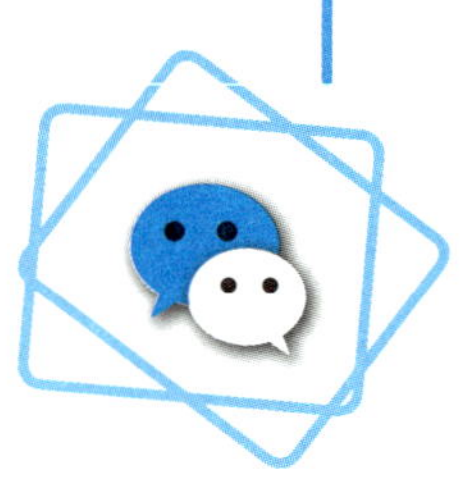

4.2.1 举办精彩活动

虽然微信公众号种类很多，但真正受到粉丝喜爱和长期支持的却很少。想要得到粉丝的长期拥护，运营者就要通过举办活动的方式，提升更多粉丝的参与度，与粉丝进行良性互动，从而起到好的吸粉、吸睛效果。

明确活动目的

在举办活动之前，我们首先要明确活动的目的，而且目的一定要具体。比如举办一个新年抽签活动，目的就是借助新年背景，引发粉丝的关注和兴趣，让他们主动参与进来，从而起到宣传推广的效果。

定位目标用户

目标用户的定位要精准，这是举办活动的重要前提。例如我们举办七夕猜谜活动，目标用户大多为恋爱中的年轻男女，在这种情况下，我们就要根据这些年轻人的需求，展开具体的活动内容。

设计活动主题

任何活动都有一个主题，主题不但与内容息息相关，而且可以为活动确立一个明确的标签，从而起到吸引目标用户注意的作用。例如四季金辉公众号，开展了微信端报名看房团、图片墙等活动，主题十分明确，就是看房，吸引了很多对房地产有兴趣的用户参与。

设计活动规则

既然要举办活动，就要制定一些规则，让用户在规则的框架内参与活动，从而使活动变得健康有序。设计活动规则的具体原则有三个：第一，门槛低，促使更多用户参与；第二，传播链条短，在较短时间内起到较好的传播效果；第三，在传播形式上加入创新元素，引发更多用户的关注兴趣。

制定奖励机制

奖励机制要健全、明确，这样才能引发大量粉丝的关注与支持。其具体原则是：第一，明确奖品类别，例如优惠券、现金奖励等；第二，奖品要简单，方便用户获取；第三，奖品要合理，既不能太多，导致亏本，也不能太少，降低吸引效果。

确立传播机制

活动方案已经制定完成，接下来就是传播推广了。我们可以通过目标用户中的意见领袖，或是现实中的人群代表（比如目标用户是学生，就可以借助班长或老师的号召力，进行宣传），来达到宣传活动的目的。

在开展活动、引来流量的同时，我们还要通过对公众号核心价值的宣传，以及经常举办趣味小活动，来留住引来的粉丝，提高他们对公众号的黏性，从而使活动取得最优化的吸粉效果。

4.2.2 发送优惠券

发送优惠券是商家经常采用的活动形式，微信公众号上也有很多发送优惠券的活动，这类活动往往能够起到提高公众号活跃度，引发大量粉丝参与的目的。接下来，就让我们来看看制作微信公众号优惠券的步骤吧。

1. 将微信公众号绑定在第三方微信公众平台上，选择“功能管理”，再选择“优惠券”，进行具体设置。

2. 将关键词、活动名称、活动简介以及活动时间设置好。

3. 填写兑换券使用说明、活动结束公告主题、活动结束说明。

*兑换券使用说明：	到店消费满100元即可享受优惠券！ 用户获取优惠券后显示的提示信息

活动结束内容

*活动结束公告主题：	活动已结束 请不要多于50字！
活动结束说明：	活动已结束，请继续关注我们的后续活动！

4. 填写优惠券名称、数量和抽奖次数限制。

*优惠券名称1：	50元优惠券	请不要多于50字！
*优惠券数量：	1	
优惠券名称2：	20元优惠券	请不要多于50字！
优惠券数量：	1	
优惠券名称3：	10元优惠券	请不要多于50字！
优惠券数量：	1	

5. 将兑奖密码填写好，选择“保存”。

*预计活动的人数：	1000	预估活动人数直接影响抽奖概率：中奖概率 = 奖品总数/(预估活动人数*每人抽奖次数) 如果要确保任何时候都100%中奖建议设置为1人参加!如果要确保任何时候都100%中奖建议设置为1人参加!并且奖项只设置一等奖.
*每人最多允许抽奖次数：	1	必须是数字
每天最多抽奖次数：	0	必须小于总抽奖次数！ 0 为不限制 抽完总数就不能抽了！可以抽奖天数 = 总数/每天抽奖次数！
*兑奖密码：	10203	消费确认密码长度小于15位
SN码重命名为：		例如：CND码,充值密码,SN码 这个主意用于修改SN码的名称，不懂请别修改
手机号重命名：		例如：QQ号,微信号,手机号等其他联系方式，不懂请别修改
是否显示奖品数量：	○显示 ⊙不显	
注册后才能参与：	○ 需要先注册 ⊙ 不需要先注册	
	保存 取消	请确认功能管理已开启优惠券功能

6.优惠券设置完成，只要回复关键词，就可以收到优惠券。

4.2.3 适当发送红包

抢红包可以说是一种全民性的活动，因其普适性、趣味性等特点，受到了大众的由衷喜爱。微信公众号为了吸引更多新粉丝参与和留住已有粉丝，也可以适当采取发红包的形式，提高公众号的活跃度。那么，怎样才能利用公众号发红包呢？具体步骤如下：

1. 首先，我们要借助第三方软件的帮助，进入其首页并注册登录。

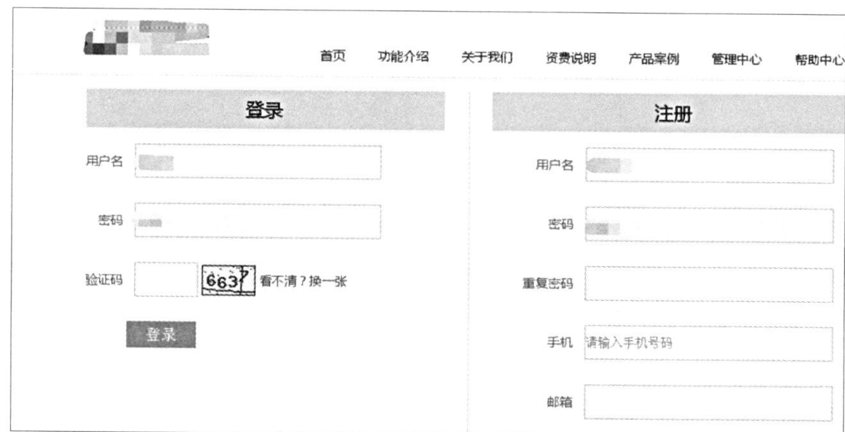

2. 登录之后，点击“功能管理”，切换到管理中心界面。

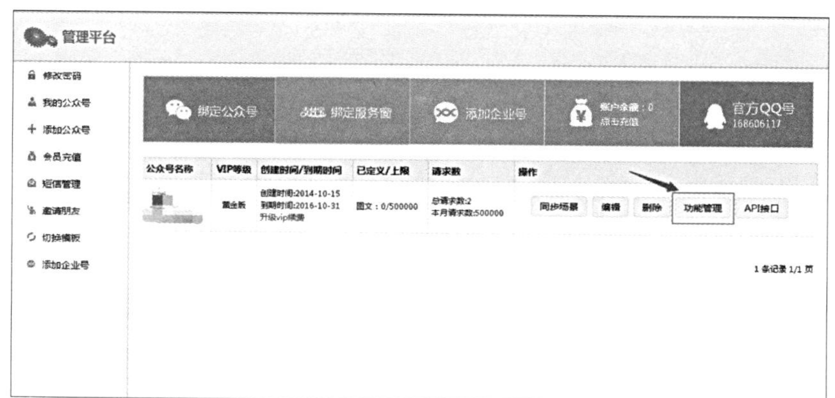

3. 在页面左边点击“微活动”，然后点击“微信合体红包”。

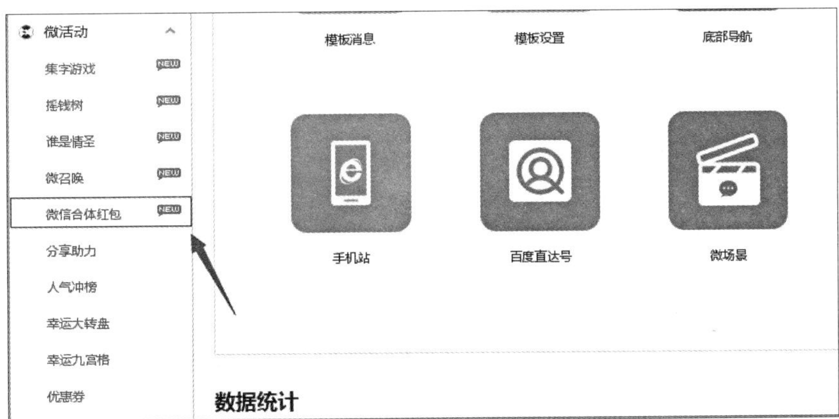

4. 选择“添加活动”选项，编辑活动内容。

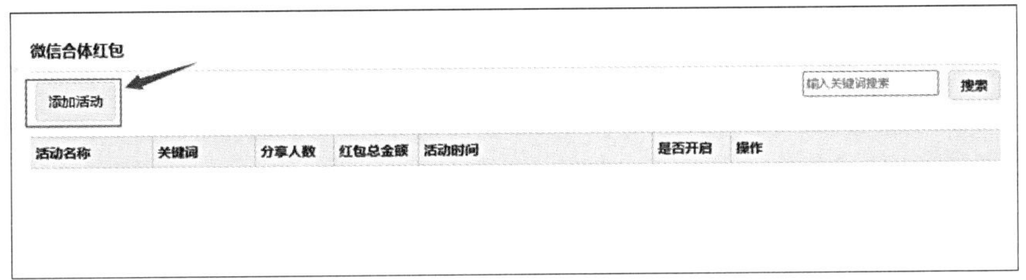

5. 填写与活动有关的信息，选择“保存”。

*活动名称：	圣诞元旦抽大奖 最多填写32个字母(一个汉字相当于3个字母),微信会屏蔽标题含有红包的分享,所以活动名称不要含有'红包'二字。
*回复标题：	抢红包 最多填写32个字母(一个汉字相当于3个字母)!
*回复内容：	人人都来抢红包~ 最多填写128个字母(一个汉字相当于3个字母)
回复图片：	http://www.gxqijia.com/tpl/static/h 上传 预览 建议图片尺寸365*158，图片大小不超过300K
*关键词：	抢红包 只能写一个关键词，用户输入此关键词将会触发此活动。
*自定义提示语和链接:	首页 链接 {siteUrl}/index.php?g=Wap&m=In 从功能库添加
*活动介绍：	大家一起来抢红包吧！

	最多填写256个字母(一个汉字相当于3个字母)!
*活动时间：	2015-12-08 10:15 到 2016-01-08 10:15
未关注是否可以参与：	◉否 ○是 （该选项目前仅适用于认证服务号,非认证服务号体验稍差）
是否需要粉丝信息：	◉是 ○否 (没有粉丝详细信息参加活动的处理方式)
*随机金额范围：	10.00 到 50.00 /元 最大值和最小值之间的数,结果保留2位小数
*红包总金额：	482.29 /元
*分享人数：	100
领取方式：	◉微信红包 ○会员卡充值
分享朋友圈按钮：	◉显示 ○隐藏 红包涉及金钱的交易，由于微信的限制，如果被大量分享到朋友圈可能存在被封号的风险
是否开启活动：	◉开启 ○关闭
	保存 取消

6. 在移动端打开微信公众号，发送“红包”关键词，就可以进入抢红包页面，再选择“抢红包”，就可以得到红包了。

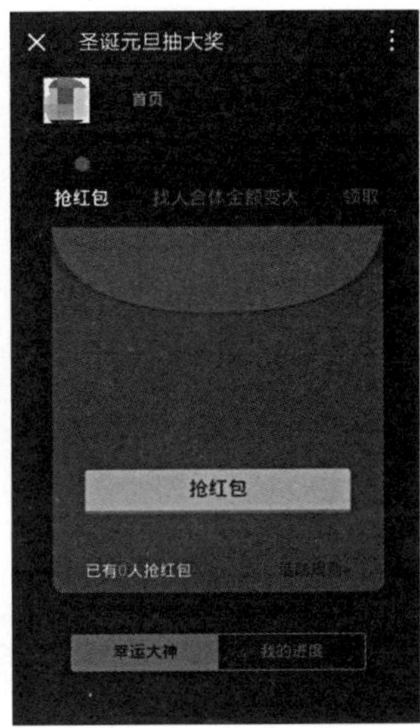

7. 红包发放记录会在第三方后台清楚显示。只要打开微信红包添加活动界面，选择“领取记录”，就可以查看相关数据。

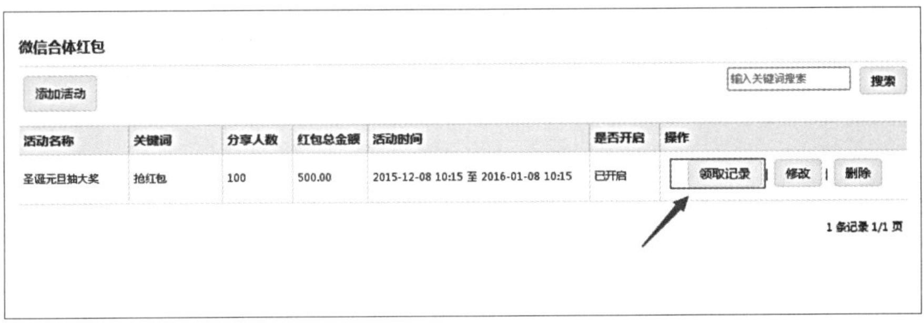

微信合体红包

添加活动　　输入关键词搜索　搜索

活动名称	关键词	分享人数	红包总金额	活动时间	是否开启	操作
圣诞元旦抽大奖	抢红包	100	500.00	2015-12-08 10:15 至 2016-01-08 10:15	已开启	领取记录 | 修改 | 删除

1 条记录 1/1 页

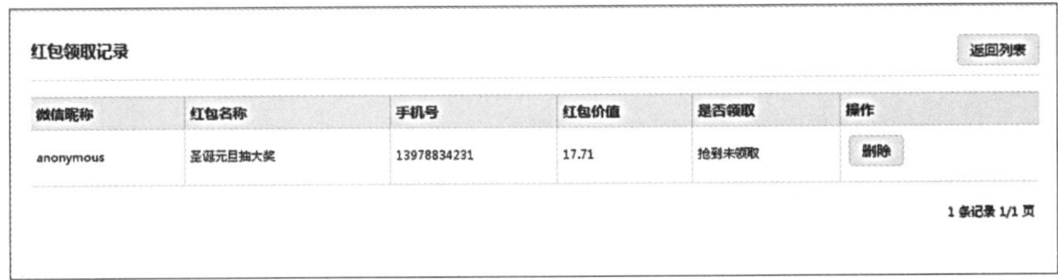

红包领取记录　　返回列表

微信昵称	红包名称	手机号	红包价值	是否领取	操作
anonymous	圣诞元旦抽大奖	13978834231	17.71	抢到未领取	删除

1 条记录 1/1 页

8. 在添加活动中，如果步骤填写出现错误，可以选择“操作”底下的“修改”选项，返回活动设置页面再次填写，之后保存即可。

微信合体红包

添加活动　　输入关键词搜索　搜索

活动名称	关键词	分享人数	红包总金额	活动时间	是否开启	操作
圣诞元旦抽大奖	抢红包	100	482.29	2015-12-08 10:15 至 2016-01-08 10:15	已开启	领取记录 | 修改 | 删除

1 条记录 1/1 页

4.2.4
用网页小游戏增强参与感

公众号中的网页小游戏，不仅可以令粉丝得到乐趣，还能提升他们对公众号的好感，起到潜移默化的宣传推广作用。接下来，就让我们看一看网页小游戏的制作过程吧。

1. 登录微信第三方平台，选择“功能管理”选项。

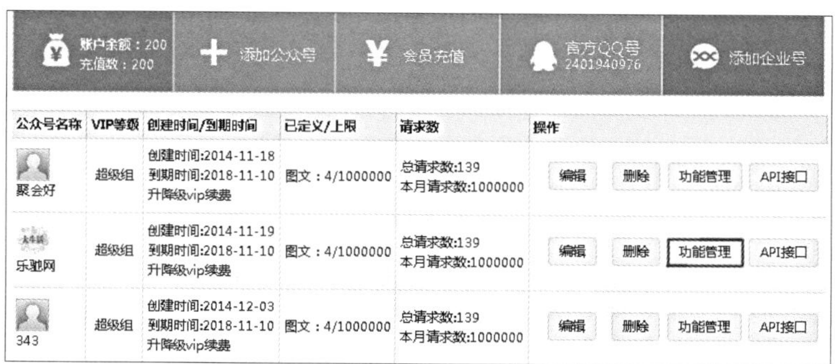

账户余额：200 充值数：200　添加公众号　会员充值　官方QQ号 2401940976　添加企业号

公众号名称	VIP等级	创建时间/到期时间	已定义/上限	请求数	操作
聚会好	超级组	创建时间:2014-11-18 到期时间:2018-11-10 升降级vip续费	图文：4/1000000	总请求数:139 本月请求数:1000000	编辑 删除 功能管理 API接口
乐驰网	超级组	创建时间:2014-11-19 到期时间:2018-11-10 升降级vip续费	图文：4/1000000	总请求数:139 本月请求数:1000000	编辑 删除 功能管理 API接口
343	超级组	创建时间:2014-12-03 到期时间:2018-11-10 升降级vip续费	图文：4/1000000	总请求数:139 本月请求数:1000000	编辑 删除 功能管理 API接口

2. 点击左侧“微网站”，在下拉选项中选择“分类管理”，然后选择“添加分类”。

3. 编辑“分类名称”、“分类描述”等内容，选择“从功能库添加”。

4. 选择“生活服务”选项，查看详情。

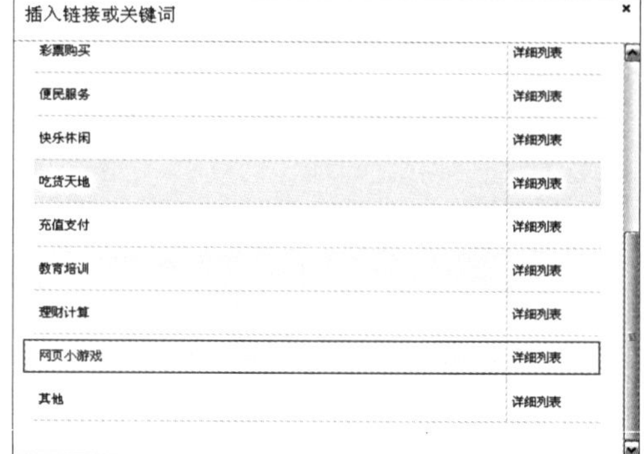

5. 找到需要添加的游戏，选择“选中”，再返回分类管理界面，如果出现查询栏，就说明已添加成功。

4.2.5

有奖问答挑起好奇心

微信公众号中的答题活动可以引起用户的好奇心，促使他们进行关注，而当答题活动可以获得奖励时，就更能激发用户的参与热情，从而起到很好的吸粉、吸睛效果。

那么，微信公众号如何答题呢？

1. 登录第三方平台，选择“扩展功能”—“微答题”—“参数设置”。

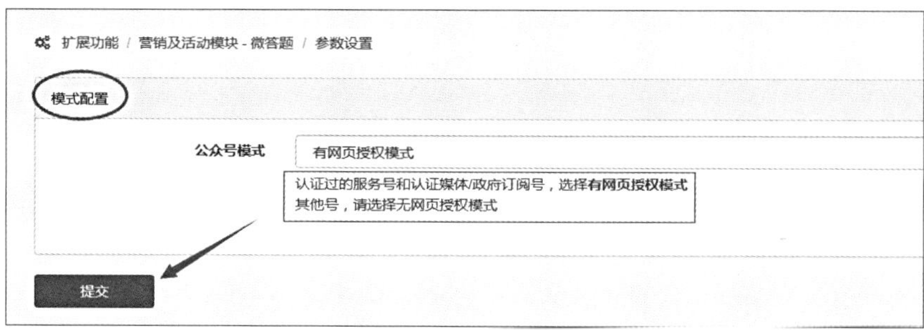

2. 进入“回复规则列表”，编辑微答题内容，设置关键字，然后添加活动，将图文消息设置好，最后选择“提交”。

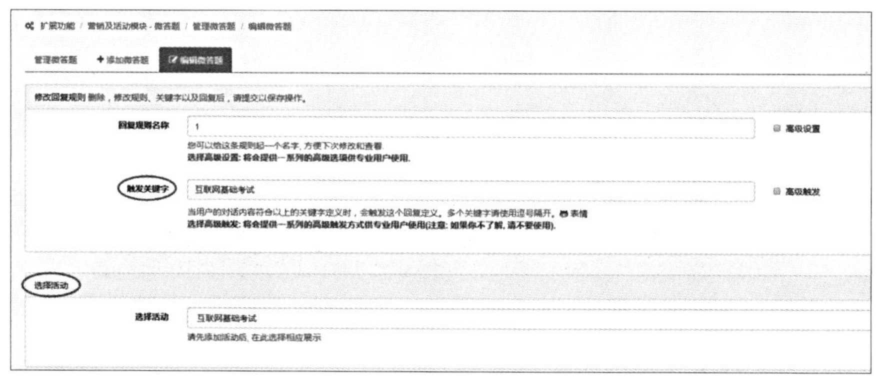

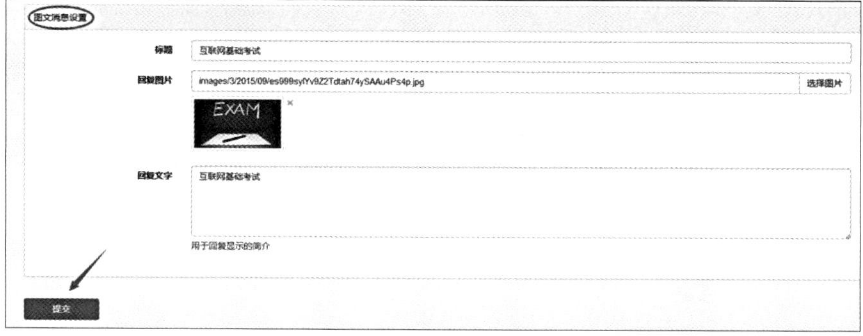

3. 进入“活动管理”页面，不仅可以添加活动、编辑添加题目，还能够查看用户信息和相关答题记录。

4.2.6

【案例详解】扬州市福建商会的豪礼大放送

谈到微信公众号中的特色活动，就不得不提扬州市福建商会微信公众号举办的豪礼大放送活动。其活动内容是，只要用户关注该公众号，就可享受扬州迎宾馆、扬州香格里拉大酒店、扬州金陵大饭店、扬州皇冠假日酒店等扬州各大酒店的优惠入住价格。

这个活动的举办，起到了三重效果。

1 吸引了很多星级酒店和连锁酒店的加盟，并为各大加盟酒店带去了很多顾客

2 吸引了很多去扬州旅游或开展商务活动的目标人群，为该群体提供了实惠的住宿价格

3 既获取了加盟酒店的加盟费用，也得到了很多游客的关注推广，在经济利益和宣传推广方面实现了双丰收

总而言之，扬州市福建商会微信公众号借助本地化优势，通过“豪礼大放送”的活动，整合了线下酒店和游客的不同需求，打造了出色的“三赢效果”，这一点是很值得我们借鉴的。

4.3

品牌服务，提高粉丝转化率

4.3.1 全力做好产品品质

“产品为王”是一个经久不衰的话题。无论时代如何变化、市场如何发展、客户的需求如何提高，企业开展商务活动的重心还是产品。只有产品质量够硬，才能得到客户信赖，引发持续购买行为。而对于微信公众号经营者来说，“产品为王”同样关键，它决定了粉丝能否向客户转化，以此为经营者带来切实的收益。

在当前时代，“产品为王”的内涵体现在以下几点：

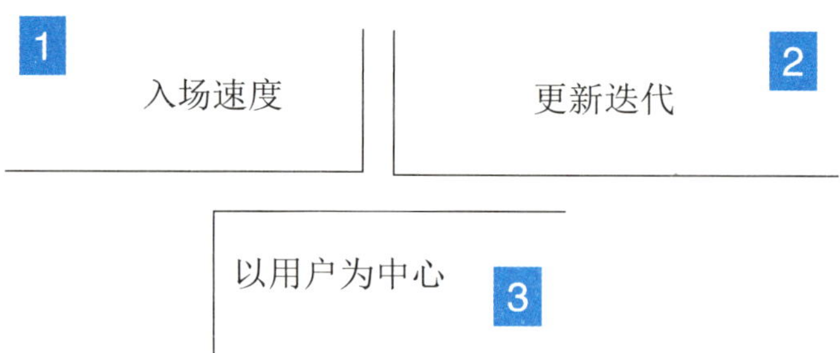

入场速度

在移动互联网时代，产品同质化现象越发普遍，先行一步往往意味着成功，后行一步往往则意味着失败。如果想要产品在开始阶段就赢得优势，就要做到比所有竞争对手都快，以最快速度开发出产品的核心功能，然后快速投入市场，以此来完成对目标市场的占领。

更新迭代

在快速入场之后，我们还要学习新知识，把握市场前进方向，以及认真研究目标用户的反馈意见，做到对产品的不断完善和快速迭代。只有如此，我们才能将先入场的优势发挥到最大，使产品赢得广大用户的衷心支持。

以用户为中心

若想做出优质的产品，出发点很关键，如果我们只是从自己的想法出发，做出自己满意的产品，那就很难赢得客户的支持。正确的做法是，以目标用户的真实需求为出发点，不断吸收用户的反馈，对产品做出针对式改进，以此赢得客户的好感与支持。

其实，公众号吸引粉丝关注只是运营的第一步，提高粉丝向客户的转化率才是关键。若想做到这一点，我们就要从入场速度、更新迭代和以用户为中心三个方面出发，全面提升产品的品质，从而切实做到“产品为王”。

4.3.2 用心打造价值诱惑

对于微信公众号的运营者来说，推送优质内容往往会赢得用户一时的支持和好感，而推送核心价值，却可以对用户产生极大的诱惑力，更易引发他们的持续关注和衷心支持。一般来说，核心价值包括品牌展示、文化展示、公信力展示、服务展示等诸多方面。

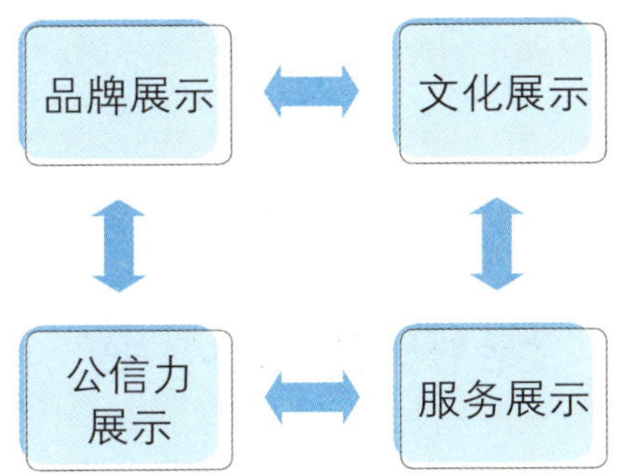

品牌展示

想要展示品牌，就要将企业的精气神全面展现出来，让用户对品牌有一个全面、立体的认识，加深他们对品牌的认可度和支持度。比如企业实力、企业和品牌的产生背景、开发团队面貌、企业的发展故事等。

文化展示

文化应该是一种理念，这种理念贯彻于企业经营和品牌构建的始终，并使用户对此产生深刻的印象和强烈的共鸣。例如苹果品牌的精简高端，小米品牌的物美价廉，都是一种独特的文化展现。

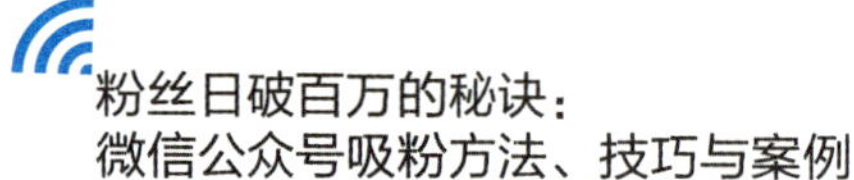

公信力展示

正所谓人无信则不立，对于公众号来说也是这样。若想打造核心价值，一个重要的条件就是使用户对公众号和产品产生信任。所以，公众号要坚持推送对客户有价值的内容，售卖质量过硬的产品，通过一点一滴的努力赢取用户的信任。

服务展示

服务展示是一个长期的过程。运营者需要从售前咨询、售中支付、售后配送及退换货等各个环节，进行整体上的把握，从而在最大程度上满足用户对服务的需求。

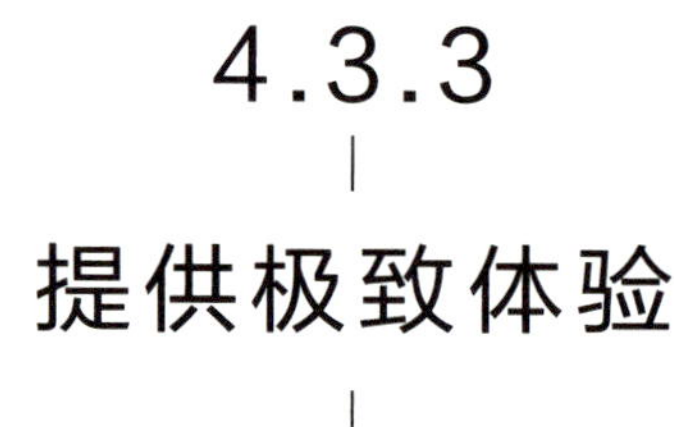

4.3.3 提供极致体验

公众号若想赢取粉丝的支持，就少不了为他们提供极致体验。但是极致体验并非凭空而来，要想真正做到这一点，必须从粉丝的真实需求出发，挖掘他们的内心渴望和情感诉求，从而通过高质量的服务，引发其心灵上的共鸣。

1 贴心的试用服务

2 设计环节上的体验导向

3 情感体验

贴心的试用服务

我们大多都有这样的经历：想去买一双鞋子，商家会为我们提供试穿服务，我们可以试穿我们中意的任何款式，看看合不合脚，漂不漂亮，走路是否舒服，觉得满意之后，才会付款购买。从此类经历中可以看出，很多人对产品都有试用体验的需求，允许试用会令客户更愿意进行购买，反之则会引发客户的不满情绪，对交易行为产生不良影响。

设计环节上的体验导向

若想为用户提供极致体验，就要从产品的制作设计环节开始抓起。比如为产品配置一个美观大方的包装、使用更高端的材质打造产品外壳、将产品的外形做得更漂亮等。这些设计很容易引发用户心理上的认同感，并满足其虚荣感、荣誉感等心理需求，从而引发购买行为。

情感体验

用户在购买产品时，除了考虑产品质量等理性因素外，还有一些对相关情感服务的潜在需求，我们对于这些情感需求，应该尽量予以满足。例如餐饮行业，当用户等待就餐时，如果服务人员主动为他们沏茶倒水，将餐具准备整齐，就会在很大程度上引发用户的好感，使他们感觉享受到了出色的服务体验，进而引发重复消费行为。

4.3.4 鼓励粉丝参与

建立公众号的目的之一就是与粉丝展开更有效的互动沟通，但是这个目却很难达到，因为很多粉丝只是默默关注内容而很少说话，因此公众号的活跃度很低。若想有效扭转这一情况，最好的办法就是鼓励粉丝参与到公众号的运营过程中来，从而激发他们的参与热情，提高他们对公众号的黏性和忠诚度。

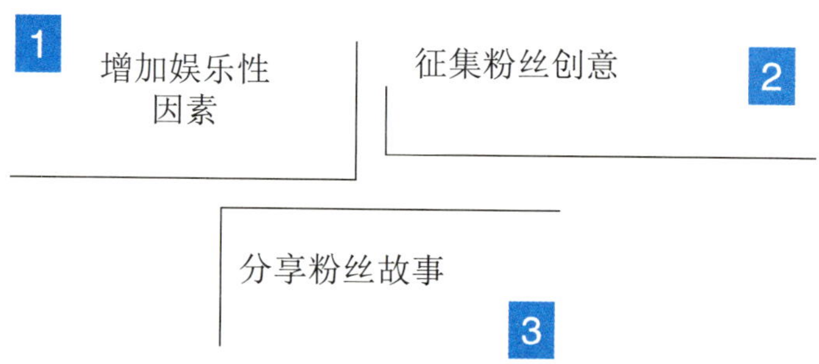

增加娱乐性因素

要想吸引粉丝主动参与，我们就要在公众号内容中增添带有娱乐性或趣味性的因素，引发他们的关注兴趣。例如可口可乐推出的每日益智问答活动，不仅问题新颖有趣，还设置了奖品，引起很多粉丝的好奇心和关注兴趣，使他们参与其中并展开了广泛互动。

征集粉丝创意

向粉丝征求创意，不但会起到很好的吸粉吸睛效果，有利于提升粉丝的参与度和忠诚度，而且可以收集到很多对公众号发展有益的意见，促进公众号本身的发展进步。这类征集的范围很广，可以是推出一款产品，让粉丝帮忙完善其功能；也可以向粉丝征集他们对理想产品的想法。这些都属于征集创意的范畴。

分享粉丝故事

鼓励粉丝参与的另一种方式就是分享他们身边的日常故事和生活感悟。因为讲述的内容就是日常故事，进入门槛很低，代入感很强，所以会起到很不错的吸睛效果，使更多粉丝愿意将自己的故事分享出来，从而增加粉丝间的互动沟通，在无形中提高公众号的活跃度。

4.4 这些错误不能犯，一着不慎就掉粉

4.4.1 别让态度成为绊脚石

做任何事情都要有端正的态度，公众号运营也是一样，很多微信公众号在运营时之所以会出现一系列问题，归根结底出在态度上。

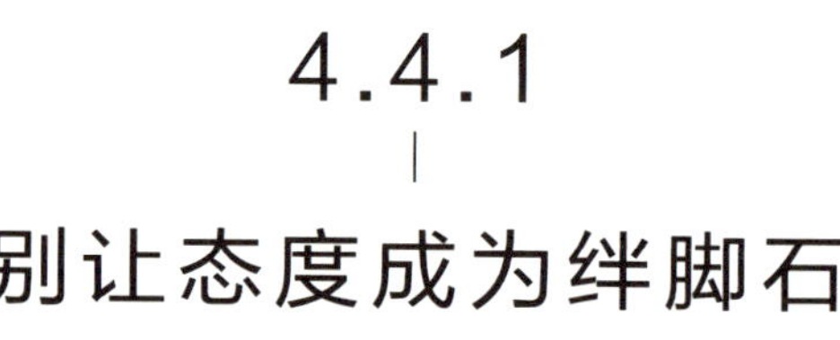

知法犯法

有些公众号运营者明明知道微信运营规则，凡是不良诱导分享的助力活动都很有可能会被封号，但仍旧我行我素冒险也要去做，结果导致自己赔了夫人又折兵，不仅活动失败，辛辛苦苦运营的几万粉丝大号也会白白葬送，这就是典型的知法犯法带来的不良后果。同样的，还有一些运营者利用假新闻来炒作，只为能够突破 10 万阅读量，虽然能够吸引到较多粉丝，但仍旧面临着违规的处罚，更有甚者还会收到法院的邀请函。谣言一破对自己的微信公众号将会带来极大的负面影响，同时也会失去粉丝的信任。

亦步亦趋

所谓亦步亦趋，就是看人家做什么自己也做什么，缺乏主见，干什么都模仿别人。这种错误通常出现在公众号运营初期阶段，总是跟着粉丝多的公众号走，人家说什么是什么，人家发什么自己也发什么，其实别人虽然做过了，但自己却并没有进行尝试，因为别人一句否定的话就让自己错过一次机会，这种做法只会丧失自己的判断力，也只能眼睁睁看着别人越做越强，而自己却做什么都不成。

急于求成

◆急求粉丝

急求粉丝主要体现在建号初期，很多公众号一切向加粉看齐，对其他事情置之不理，结果虽然进行了大量投资，但真正吸引到的粉丝却是寥寥无几，根本没有自己独到的见解和别具一格的特色。

◆急求变现

急求变现主要体现在拥有一定粉丝的公众号上，这些公众号急着想要变现，所以任何投放广告都不放过，最终导致自己的内容受到影响，质量下降，粉丝不但不增，反而骤减。

杞天之忧

所谓杞天之忧，就是刚刚开始做公众号就一直纠结怀疑自己能不能做好，没有恒心和毅力，做不了多久就选择放弃。还有的人地推时就怀疑活动会没有成效，线上招商时也觉得会谈不好。换句话说，杞天之忧的人稍微遇到一点困难就开始着急，这样做会影响运营，很难取得成功。

作为公众号运营者，一定要有脚踏实地勤勤恳恳的精神，坚持下去多一份努力就会多一份收获。

4.4.2 企业的 7 个思维禁忌

从道理上讲，企业做公众号具有先天优势，无论是人力、物力还是财力，均有一定的基础，而这些基础又是公众号推广成功的关键所在。可纵观现实，很多企业由于思维性错误使得公众号发展受到了极大的限制。那么常见的思维性错误都有哪些呢？

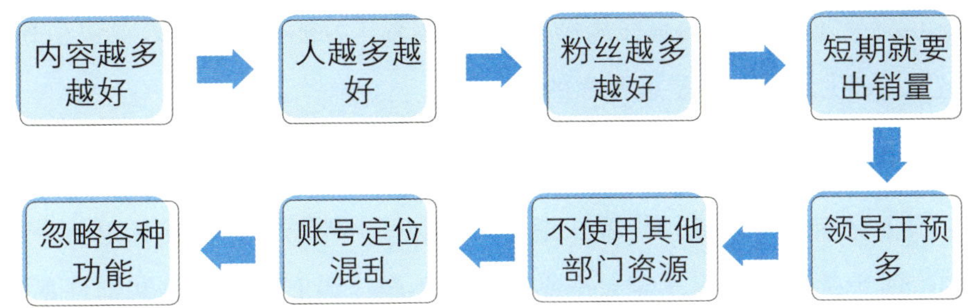

内容越多越好

有些人认为公众号内容越多越好，显得大气又专业。这是一种过于主观的错误想法，内容更注重精细，质量好才能真正打动用户。

人越多越好

大部分人认为人越多分工越精细，效率随之也就越高。但微信营销却不完全是这样。很多时候人手越少时大家做事的效率反而越高，因为人多容易造成意见不一致，从而导致决策的延缓和执行的拘束性。对于那些运营初期的微商来说，更是不需要过多的人力，只需几个态度端正、头脑灵活、勤动手、勤动脑琢磨的人即可，这样不断尝试和纠错，总能找到属于自己的路子。

粉丝越多越好

很多微商常常给自己树立目标，一个月最少要涨粉一万，在这里我们要说，粉丝固然很重要，但并不是越多越好。从某种程度上讲，涨粉其实并不是一件多么困难的事情，别说一个月涨粉一万了，一周涨粉一万都不难。只要瞄准人们的利益目标就好了，谁不想天上掉馅饼，企业可以拿出一万元现金砸红包，只要关注公众号就可得红包，这样的好事谁想错过。同样的道理，做食品类的可以免费赠送食品。这样的方法得来的粉丝大部分是僵尸粉，因为他们看中的是利益而非你的产品，只要利益到手很可能就会取消关注。所以不要一味地追求粉丝数量，我们并不是完全排斥上面的做法，以此来创造噱头是可以的，但更重要的是在质量上下手，用真正好的内容好的产品吸引粉丝，以此为基础发展粉丝才是最可靠的。

短期就要出销量

很多微商急于求成，想要快速得到转化率和销量，而微信又是一个以服务和价值为基础，而后才会出产品的公众平台，没有粉丝黏性和信任是很难出销量的。所以企业要定下心来，认真将服务和内容做好，然后再考虑销售转化的问题，一步一个脚印才不会在微信这条路上摔跤。

领导干预多

很多企业领导由于强烈的控制欲望，总是自作主张，一味地站在较为传统的角度考虑问题。但现实却是专业人做专业事，领导层应该多听执行团队和相关部门的意见，毕竟这些人更加专注于该方面的工作，领导层不要总是指手画脚。领导层该做的是提供更多的资源，帮助相关部门解决问题。

不使用其他部门资源

对于整个企业来说，创立一个新的部门不仅要求公司的支持，同时还需要其他各部门的支持。微信公众号建立初期可能没什么用户和传播渠道，这时候其他部门就可以帮助做一些宣传。以业务部为例，其朋友圈大体上都是较为精准的用户，所以帮助宣传可以起到很大的作用。阿里巴巴推出来往时，也是整个公司都在帮忙推；蒙牛的微商城也受到了全公司的参与推广。

账号定位混乱

账号定位混乱是个非常严重的问题。很多企业在运营时分不清楚哪个号用来做活动，哪个号用来卖产品，更别说品牌宣传和引导用户等账号了。这种运营混乱的现象会使得用户也变得混乱，粉丝流失是很正常的结果。所以相关人员一定要做好专业知识储备，千万不可以犯这种低级的错误。

忽略各种功能

所谓微信营销，也就是借助微信做各种营销活动。微信不只有朋友圈、微信群，不只是用来聊天和发红包的工具，同时还可以举办活动和讲座，可以做推广和销售。企业千万不要忽略了微信客户端以及个人好友、朋友圈的重要作用，要把握好实体店和微店的流量入口，从公众号下沉到个人号，全方位做好微信营销。

4.4.3 企业运营的常犯错误

企业在运营公众号的过程中，或多或少都掌握了几种吸粉方法，无论是内容撰写，还是活动策划，企业往往具有一些自己的思路。但是，现实中的发展却不尽如人意，在很多时候，企业很难将公众号运营好，甚至使公众号落入掉粉的境地，究其原因，主要有以下几点：

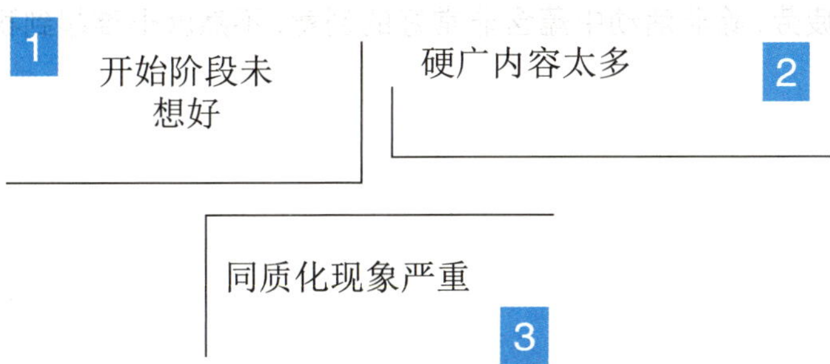

开始阶段未想好

《孙子兵法》强调在战争开始之前进行“庙算”，也就是前期准备和策划。孙子认为，如果在开始阶段准备得充足，就有很大的希望赢得胜利。公众号的运营其实也是这个道理。很多运营者在建立公众号之前，既未分析市场，搞清公众号建立的目的，也未对目标粉丝进行有效定位，只是抱着“别人有公众号，我也建一个”的想法，人云亦云，陷入了主观定性的怪圈之中，导致公众号在开始阶段就定位不清，从而陷入到经营上的死路之中。

硬广内容太多

很多企业选择在公众号中推送与企业形象相关的宣传类内容，也就是硬广内容，这一点其实无可厚非。但是他们在推送硬广内容时，却往往缺乏节制，比如同类内容太多、缺乏创意和加工、语气太过正式、套话太多等。这些情况很容易引发粉丝的厌恶和不满，出现掉粉等不良现象。

同质化现象严重

很多公众号在运营形式、推送内容等方面与其他公众号大同小异，缺乏自己的特色和竞争力。即使是靠一时的优惠活动吸引了粉丝的关注，也很难培养他们对公众号的忠诚度，从而造成活动结束后掉粉的现象。比如利用节假日开展的新年抽签、七夕抽签等活动，很多公众号都在做，粉丝对其已经产生了审美疲劳，除非活动中蕴含非常好的创意，不然就很难起到积极的效果。

4.4.4 企业公众号营销常犯的错误

随着微信公众号发展的日益火热，很多企业都开始建立自己的公众号，并利用公众号进行营销活动。然而，微信公众号营销其实并不容易，企业如果稍不注意，就会在营销过程中犯下各种错误，在这种情况下，公众号不但无法起到良好的营销效果，而且会失去粉丝的信任和支持，引发掉粉现象。

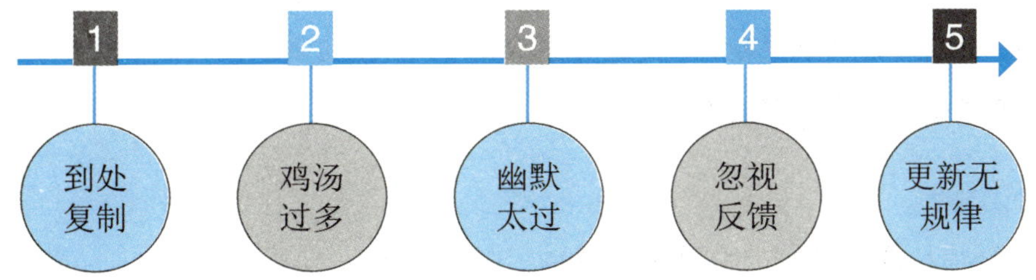

到处复制

很多公众号在推送内容时选择复制其他原创内容，这种做法十分不可取，一旦被粉丝发现，就会引发他们极大的不满，认为企业是在敷衍他们，从而使公众号彻底失去粉丝的信任。

除此之外，很多原创内容都是有版权的，即使是网上内容也不例外。随意复制的行为很容易引起版权纠纷甚至法律问题，对企业造成经济和信誉上的损害。所以对于原创内容，最好是通过自行总结后进行发送，如果真的需要复制，就要注明出处，这样才会将出现后续隐患的可能性降到最低。

鸡汤过多

不可否认，人们对于鸡汤类文章的喜爱度较高，但是随着近些年这类文章的泛滥，大众对于此类文章已经出现了审美疲劳。所以在公众号的运营过程中，鸡汤文章可以有，但不能过多，而且最好要保证质量和原创，这样才能获取粉丝的好感和支持。

另外，企业公众号更多还是为企业的经营活动服务，其最终目的是宣传企业形象，推送产品服务信息，如果鸡汤内容过多，也容易造成公众号运营上的模糊化，弱化其营销盈利目的。

幽默太过

幽默谁都喜欢，但幽默太过，就会变得低俗。公众号在运营过程中，可以适当发送一些趣味性信息或笑话，以此来吸引粉丝的注意。但是此类信息不宜过多，而且要从选材、用词等方面慎重考虑，从而避免落入低俗化的境地，降低整个公众号的层次定位。

忽视反馈

微信公众号运营的目的之一就是引发公众号与粉丝间的互动，如果没有互动，公众号的价值就会降低很多。然而在当前时代，很多企业却忽视了这一情况，只是专注于推送内容，对粉丝的反馈信息不闻不问。这种做法不但会打击粉丝的积极性，引发他们的不满，还会失去粉丝的信任，造成持续掉粉的现象。

更新无规律

粉丝往往会利用碎片时间，对公众号内容进行阅读。如果公众号内容推送及时而有规律，他们就更愿意进行浏览；如果公众号内容不定时推送，甚至是毫无规律，他们就会慢慢忘记这个公众号，甚至造成取消关注的后果。

此外，还有一些公众号平时不推送内容，一旦推送起来就没完没了，令人目不暇接。殊不知这种做法同样会引发粉丝的不满，因为移动互联网时代讲究的是碎片化阅读，这种连续推送的内容很容易使粉丝对其失去关注的兴趣。

4.4.5

【案例详解】

奢侈品牌 Burberry 变成 Bubrerry

英国著名奢侈品牌 Burberry 在推送微信公众号文章时，错把品牌名称搞错，变为 Bubrerry，并在文章中多次出现，犯下了一个原本不该犯的低级错误。这一事件当即引起了业界的强烈反响，人们在谴责之余，也在深入思考：Burberry 身为国际知名品牌，历史悠久，实力雄厚，为什么会发生这样的事?

其实要解释这件事的起因，就不得不提到社交媒体。在移动互联网时代，社交媒体无疑是一把双刃剑，一方面它可以将产品信息在人群中迅速推广，产生极大的传播效应；另一方面它也可以将品牌缺陷、企业失误等问题暴露在大众的视野中，起到推波助澜的不良后果。Burberry 就是因为一次失误，在社交媒体的扩大化传播下，在业界造成了影响颇大的不良后果。

当然，这一事件的根本原因还是 Burberry 本身的失误，它忽视了移动互联网快速传播的特点，在问题出现的第一时间没有进行改正，而是在阅读量达到12000左右时才着手处理，那时不良影响已经造成，可谓为时已晚。而在对问题进行处理之后，Burberry并没有对外进行解释，降低不良影响，暴露了Burberry在公关处理能力和掌控力上的弱小。

除了上述原因之外，撰写人员不专业、品牌方把控流程不严格等也是造成这一事件的重要原因。Burberry的出错事件给公众号运营者以重大启示：那就是在社交媒体推广中一定要小心谨慎，既要建立完善的流程控制体系，也要在文章撰写中做到足够专业。否则，就会像Burberry一样，品牌价值受到损害，失去大量的粉丝和消费者。

实战各类公众号，吸粉就是这么容易

5.1 互联网行业公众号成功吸粉技巧与案例分析

微信公众号的兴起为互联网企业带来了全新的商机，很多互联网企业利用公众号平台流量多、用户黏度高以及精准推广的优势，展开了新一轮的营销活动。接下来，我们就来看看互联网企业的推广技巧吧。

多方引流

不做营销，做客服

多方引流

互联网企业公众号的粉丝增长，与企业在各类渠道中的引流策略息息相关。

首先，企业可以通过微博引流的方式，使微博粉丝去关注公众号。其次，企业可以通过积极开展趣味活动，在活动中实现引流。例如“小米非常 6+1 你敢挑战吗”互动活动，就是通过趣味答题并设置奖品的方式，吸引粉丝参与，并鼓励他们在参加活动时关注公众号。最后，企业可以通过自己的官网、电商渠道等推广公众号信息，吸引粉丝关注。例如在粉丝进行购物时，提示他关注公众号即可查询物流情况。此类措施往往会吸引很多粉丝对公众号进行关注。

不做营销，做客服

互联网企业最好不要将公众号定位成营销工具，而是要将其打造成客服平台，为广大客户和潜在客户提供信息咨询、物流查询等服务，提高他们的服务体验，获取他们的支持与好感。

此外，企业在运营公众号时，要强调粉丝参与互动，允许粉丝对产品提出各种修改意见，从而提高粉丝的自由度。

小米的参与感

小米是互联网企业中吸引粉丝、利用粉丝的能手。小米的公众号增粉速度极快，大约在三个月左右就积累了 100 万粉丝，堪称爆炸式增长。公众号之所以取得这么好的成绩，与小米粉丝的支持密不可分。就连小米掌舵人雷军在分析小米成功的原因时都说：“因为米粉，所以小米！”可见小米对于粉丝的重视。小米在其经营过程中，经常以微博做推广，以论坛做客户沉淀，以微信做服务，从而起到了极致化的媒体传播效果，使小米在竞争激烈的市场中立于不败之地。

5.2 服装行业公众号成功吸粉技巧与案例分析

在移动互联网时代，消费者的消费方式正在经历着变革，互动性与服务性的消费更容易引发消费者的支持和好感。具体到服装行业来说，利用微信公众号的功能，能够将互动与服务充分融入到营销活动中，从而在最大程度上满足消费者的需求。

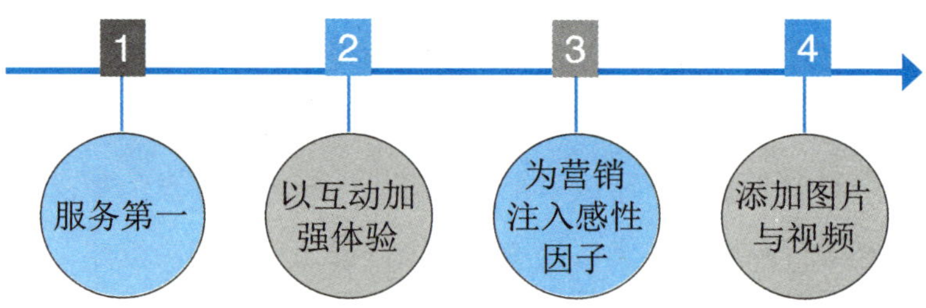

服务第一

要想提高粉丝的关注度和点击率，取得良好的吸粉效果，就要将服务做到位，树立起“服务第一”的观念。对于服装企业公众号来说，分析目标顾客的消费习惯和购买特点，并根据这些特点采取适当的服务与技术，满足不同顾客的不同需求，才是做到服务第一，开展精准营销的关键所在。

以互动加强体验

服装企业公众号可以通过回复粉丝问题、发布活动方案、介绍品牌文化等措施，加深粉丝对企业品牌的印象，使粉丝在交流互动中提出自己的观点，从而提升粉丝对公众号的黏性。

为营销注入感性因子

除了品牌推荐、产品推荐等硬性营销之外，公众号的运营者还要注意在营销中加入感性因子，与消费者进行感情沟通。例如推送生活类软文、分享粉丝真实故事等。这种方法很容易被粉丝接受，激发其情感上的共鸣，从而起到提升粉丝忠诚度的效果。

添加图片与视频

添加图片与视频信息可以使消费者更易接受并产生深刻印象，公众号可以在推送文字内容的同时，适当推送趣味图片与视频，以更具创意的方式，激发粉丝更大的关注兴趣。

专注大码的“凹凸曼”

“凹凸曼”是一个专为大码女性提供美搭服务和购买服务的公众号平台。在经营策略方面，凹凸曼的功能全面，提供包括达人推荐、美搭美容、品牌曝光、故事分享、新品资讯、团购等各类服务，力求在最大程度上满足目标用户的体验需求。而与其他大码女性公众号不同的是，凹凸曼着力为大码女性打造一种健康、美丽的生活，增强她们的自信和勇气，甚至鼓励她们减肥塑体，从而使公众号获得了大码女性群体的由衷好感与支持。

5.3 餐饮行业公众号成功吸粉技巧与案例分析

在餐饮行业中，微信公众号已经成为一个很重要的营销工具。很多商家都会通过线下优惠活动，推广二维码，吸引粉丝的关注和支持。那么，餐饮行业为什么要这般重视微信公众号？其具体的吸粉措施又有哪些呢？

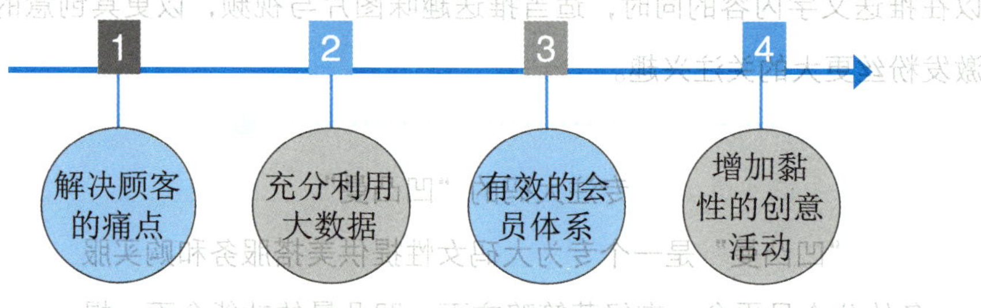

解决顾客的痛点

很多餐饮公众号通过线上点餐和支付，节省了顾客的点餐和等待时间，大大提升了顾客的用餐效率。这就在一定程度上解决了顾客的痛点，得到了他们的好感与支持，使其在就餐时更愿意使用公众号功能，在无形中提升了黏性。

充分利用大数据

一些餐饮公众号通过微信支付和微信点菜等功能，留下了顾客的大量行为数据和消费习惯数据，并通过对数据样本的分析，了解到顾客的点餐用餐习惯，甚至获取了顾客对各类菜品和服务的反馈，从而富有针对性地转变运营措施，更好地满足不同顾客的需要，实现精准营销。

有效的会员体系

商家通过不断改善运营，获得了很多顾客的好感和支持，并将这些顾客发展为公众号会员。会员不仅可以在各自的圈子中起到很好的宣传推广效果，还可以为公众号带来更为详细的会员信息，使商家能够根据这些信息实现更为精准的营销。

增加黏性的创意活动

餐饮公众号基于对顾客数据的有效分析，找到顾客消费次数较少的内在原因，并在此基础上开展富有针对性的创意活动，达到提升顾客黏度，增加顾客重复消费的目的。

“遇见小面”的线上订餐

“遇见小面”对公众号的定位是在线预订。依靠这种模式，遇见小面实现了顾客点餐时间与沟通等待时间的大幅缩短，例如点餐时间由4分钟左右降低到1分钟左右，点餐后的等待时间减少了70%左右。这使得进入遇见小面就餐的顾客越来越多，微信支付率达到80%左右。并成功构建了微信虚拟会员体系“面粉计划”，留住了一大批重复消费率较高的顾客，使这些顾客成为公众号的死忠粉。

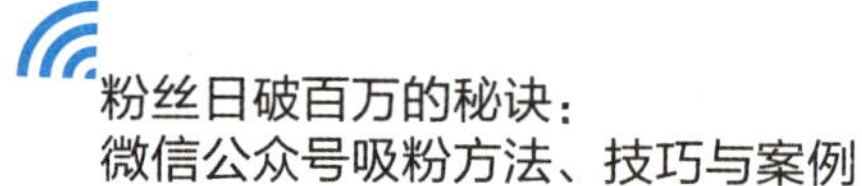

5.4 旅游业公众号成功吸粉技巧与案例分析

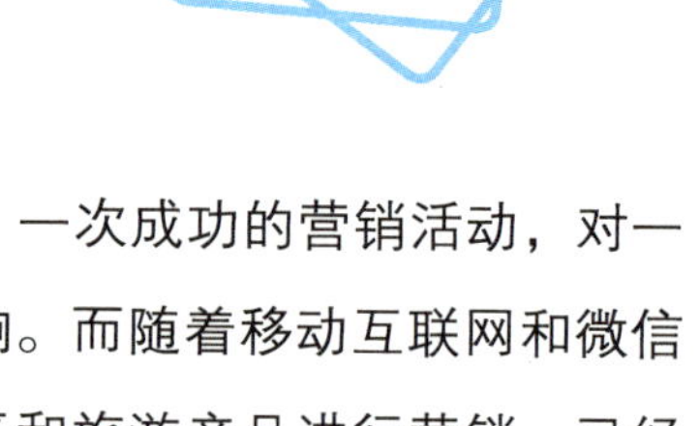

对于旅游业来说，营销的重要性无可比拟，一次成功的营销活动，对一个旅游景区来说可能会产生不可估量的积极影响。而随着移动互联网和微信的不断发展，利用微信公众号的功能对旅游景区和旅游产品进行营销，已经成为很多商家的重要选择。下面，我们就来看一下旅游业公众号的吸粉策略吧。

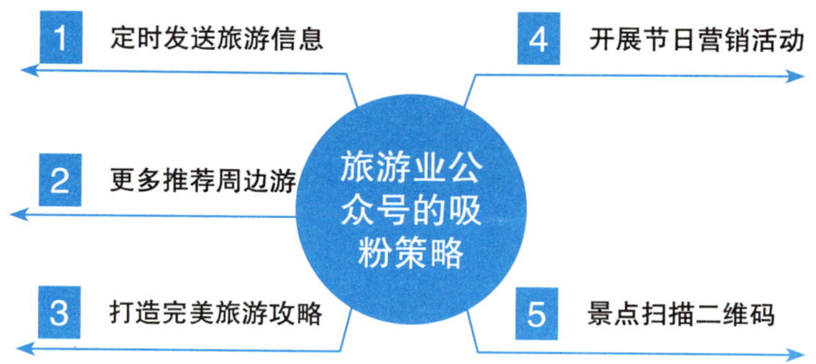

定时发送旅游信息

旅游公众号在运营过程中，需要定时发送一些诸如目的地景区图片、旅游接待中心图片、旅游景点介绍等相关信息，以此来吸引目标粉丝的关注，达到精准宣传的营销目的。需要注意的是，公众号所发送信息需要保证及时性和真实性，尽量不要发送陈旧信息，以免引发粉丝的厌恶和不满。

更多推荐周边游

公众号在推送旅游信息时，需要先对目标粉丝进行定位，搞清其地理位置和真实需求，然后向他们推荐所在位置周边的旅游活动。这是因为周边游对于目标粉丝来说较为方便快捷，很容易引发重复消费，进而达到较好的宣传推广效果。

打造完美旅游攻略

在公众号内容中，旅游攻略很容易引发粉丝的持续关注，是商家在营销过程中的上佳选择。为了使旅游攻略发挥出最大的吸粉吸睛效果，商家最好在攻略中添加一些富有诗情画意的景点图片，并提供即时的景点资讯信息（景点线路推荐、景点门票价格、当地住宿价格等），以此满足目标粉丝的旅游需求。

开展节日营销活动

在一些法定假期（劳动节、国庆节）或是固定人群的固定假期（中小学寒暑假）到来之际，公众号应该抓住有利时机，展开有效的节日营销活动，以此来吸引大众的注意，引发最大化的吸引消费效果。例如旅游优惠券、有奖问答赠旅游等活动，就是很好的节日营销选择。

景点扫描二维码

公众号运营者可以与景区进行合作，在景区设立公众号二维码，吸引游客进行扫码关注，并在游客关注后为其提供景区介绍等相关服务。这样可以对公众号本身起到很好的宣传推广作用。

去哪儿网的“呼叫中心式微信客服”

去哪儿网公众号将呼叫中心功能搬到了微信平台上，推出了呼叫中心式的微信客服。这一做法巧妙地利用了微信平台强关系交互的特点，以及简单方便的第三方登录能力，开发出方便用户决策及购买的创新型旅游产品和相关服务。例如“一扫分享”、“优惠券云卡包”等。这些功能为用户提供了人性化的服务体验，赢得了广大用户的关注和支持。

5.5 传媒业公众号成功吸粉技巧与案例分析

随着移动软硬件技术、在线视频以及社交媒体的不断发展和进步，传媒业迎来了一个全新的发展时代。各种传媒公众号如雨后春笋一般出现，它们利用网络媒体的快速传播优势，吸引了很多人的关注目光，引发了良好的吸粉吸睛效果。

1 大流量平台的自然转化

2 优质视频内容的传播性

3 利用猎奇性因素吸引粉丝

大流量平台的自然转化

传媒业公众号可以将视频等内容发送到流量较大的网络平台上，利用平台的流量优势，达到宣传推广的目的。例如优酷视频，就是一个具备大流量基础的网络媒体平台，如果将自身视频传送上去，就有很大可能吸引到大量的观众进行观看。这些观众中有相当一部分会出于兴趣、好奇等因素，在观看过程中自然转化为公众号的微信粉丝。

优质视频内容的传播性

视频拥有比文字、图片等形式更大的引发关注优势，更易形成鲜明的风格和印记，从而获得粉丝的支持与传播推广。所以公众号要着力打造优质的视频内容，使内容充满“干货”，并同时具备简短性和趣味性等特点，进而吸引粉丝的关注和支持。

利用猎奇性因素吸引粉丝

除了利用大流量平台和打造自身优质内容外，传媒公众号还可以通过满足大众的猎奇心理和八卦心理，达到吸引粉丝关注，引发持续讨论的目的。例如“毒舌电影”、“严肃八卦”等公众号，就是利用大众的上述心理，取得了良好的吸粉效果。

当然，猎奇和八卦一定要在符合事实的基础上进行发挥，否则就会落入到无底线造谣的境地之中，甚至会触犯法律，造成严重的后果。

“罗辑思维”的高效吸粉

“罗辑思维”，这个号称“有种、有趣、有料”的网络脱口秀节目，如今已成为知识型自媒体的杰出代表。在发展过程中，“罗辑思维”推崇自由化的互联网思维，倡导爱智求真，赢得了大量粉丝的衷心支持。而随着罗辑思维公众号的持续运营，已经有数百万粉丝对其进行关注，其中大多数粉丝成为了“罗辑思维”的忠实铁粉。此外，罗辑思维本身的内容质量很高，具有充足的知识性“干货”，再加上视频形式的传播优势，自然就取得了很好的吸粉效果。

5.6 制造业公众号成功吸粉技巧与案例分析

制造业与移动互联网的结合已成为大势所趋，以往的粗放式管理模式已不再适合制造业的发展。在移动互联网时代，制造业需要在管理上实现精细化转型，将客户需求管理、生产管理等环节纳入到数据化和结构化轨道中来，从而实现新时代创新型发展。

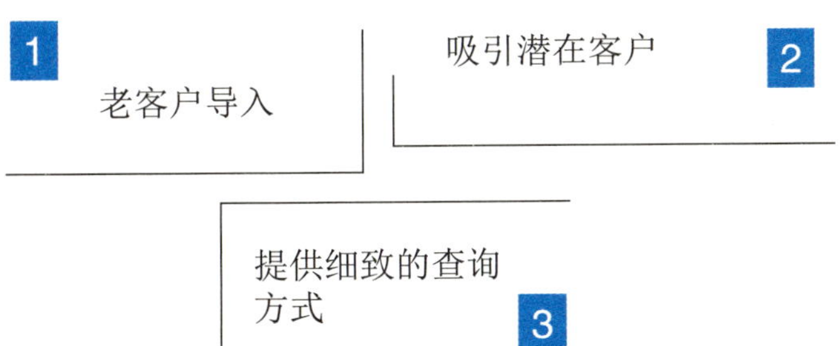

老客户导入

无论企业规模是大是小，总会有一定比例的老客户。我们需要利用电话、短信、微信等方式，将公众号信息传达给老客户，引导他们进行关注，使其转化为公众号的粉丝。

吸引潜在客户

在线下，企业可以在展厅、卖场、客户休息区等地点设置微信二维码，采取扫码优惠等方式，吸引潜在客户进行关注；在线上，企业可以通过自己的官方网站或微博等平台，宣传推广二维码，引导潜在客户进行关注。

提供细致的查询方式

工业市场与消费市场迥然不同。前者需要处理海量的工业化数据，客户数量却较少；后者所需处理的产品数据相对有限，但是客户数量却非常多。根据工业市场的特点，公众号需要提供更为细致化的功能和服务，以此来满足客户对于大量数据的查询和处理需求。

科通芯城的创新发展战略

科通芯城隶属于科通集团，于2010年创立，是中国第一家开展中小企业IC元器件交易的电商企业。随着移动互联网的不断发展，工业制造业开始呈现出创新性和移动化的特点，科通芯城根据这种新形势，创建了科通云助手微信公众号。

科通云助手具有很多优势，例如可以使轻消息承载重数据，使交互集中在消息里完成等。这些功能上的优势，不但能够使科通的客户轻松完成查询产品、订单、账务等任务，还可以使他们及时收到通知，开展交互行为。从而大大降低了企业用户的进驻门槛，使得服务效率得以提高。

5.7

美容业公众号成功吸粉技巧与案例分析

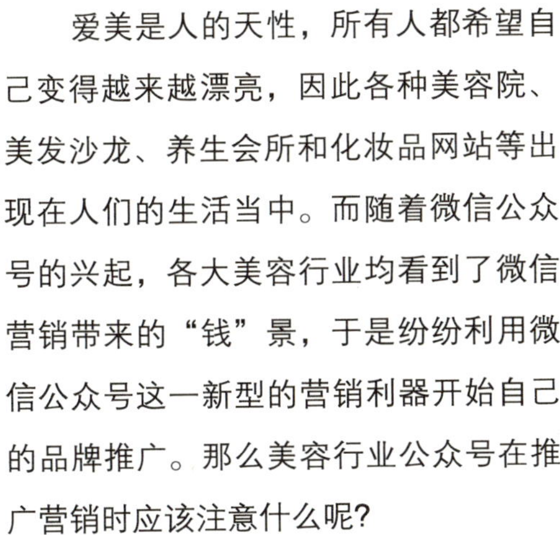

爱美是人的天性，所有人都希望自己变得越来越漂亮，因此各种美容院、美发沙龙、养生会所和化妆品网站等出现在人们的生活当中。而随着微信公众号的兴起，各大美容行业均看到了微信营销带来的“钱”景，于是纷纷利用微信公众号这一新型的营销利器开始自己的品牌推广。那么美容行业公众号在推广营销时应该注意什么呢?

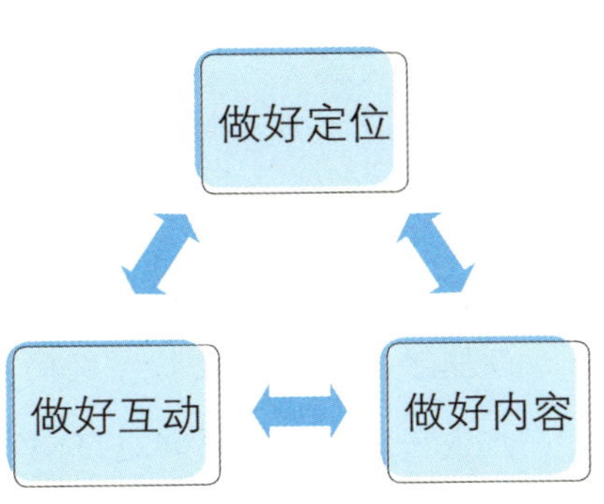

做好定位

美容行业虽然大多数针对的是女性，但从内容上来讲包括护肤和美妆等多个方面，所以运营者首先要做好定位，这样才能有针对性地进行推广。

做好内容

公众号要定期向用户推送相关的行业信息或实用性知识，可以挑选用户喜欢的内容，包括瘦身、美容和化妆品等相关资讯，内容尽量实用简短，不要废话连篇，以免引起用户的反感。

做好互动

平时要多与用户进行互动，以此来取得对方的认可和信任。常见的互动方法包括打折和积分优惠等，还可以实行奖励制度，向用户提问知识性问题，答对的用户就可以获得相关奖励等。

派倍安的闲聊服务

作为国内领先化妆品网络零售企业，派倍安公众号PBA_china定位于“量身打造属于你的绝佳闺蜜”，致力于与每一位用户友好互动，不管什么天气什么时间，只要用户需要，就可以随时向PBA倾诉，哪怕是闲聊、东拉西扯也没关系。不仅如此，PBA还为用户提供产品信息查询、订单查询以及优惠券的随时领取等功能，其美妆学院的护肤课堂还有专门的美容顾问团队为用户带来最新时尚资讯，不管是妆容塑造还是美妆护肤问题，都可以在PBA官方微信上得到满意的回答。

5.8 房地产行业公众号成功吸粉技巧与案例分析

如今不少房地产商都开通了微信公众账号，但只有很少一部分能够真正靠公众账号的运营取得较好的推广效果。那么房地产行业公众号的运营技巧都有哪些呢？

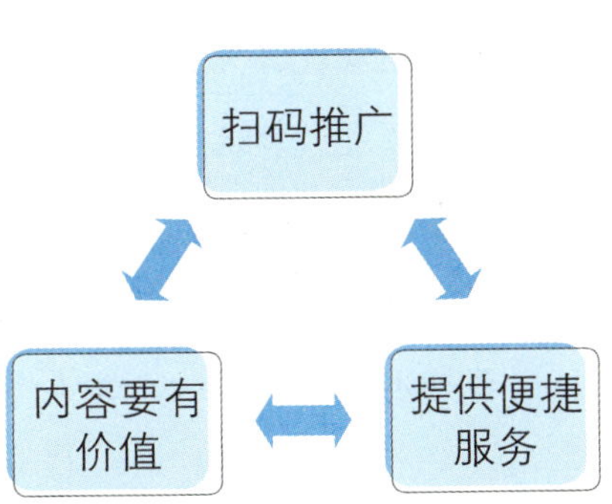

扫码推广

房地产行业微信公众号想让用户知道，就一定要做好推广工作，可以在各种移动宣传板印上官方微信公众号二维码，主动引导用户来扫码加关注，以此来获得最新楼盘信息，还可以通过各种优惠活动来吸引用户扫码。

提供便捷服务

服务越完善越容易引起用户的关注，因此要不断提高服务质量，可以在平台设立预约看房、房贷计算、户型选择等功能，鼓励用户评论留言，不仅可以提高服务质量，还能使用户更加活跃。

内容要有价值

公众号进行信息推广是最基本的服务，想要真正抓住用户的心就要站在用户的角度思考问题，向他们推送真正有价值的东西，包括室内设计、周边环境和楼盘的走势等情况，这样才会让用户感到实在可靠，才能真正体会到公众号的价值。

万科翡丽郡的扫码送豪礼活动

万科翡丽郡自打开通微信公众号之后，就开创了深圳微信营销创新记录。为了推广公众平台，万科翡丽郡开展了一系列扫码关注送豪礼活动，只要用户扫描二维码添加公众号并关注，就可以得到豪礼，礼品包括天虹面值不等的购物卡、各种 VIP 优惠及抽奖机会。不仅如此，万科翡丽郡还曾启动过幸福家计划，轰动全城，与用户建立起了友好关系，这种堪称完美的互动推广方式使得万科翡丽郡不断开拓业绩，成为喝“微信地产营销头啖汤的人”。

5.9 教育行业公众号成功吸粉技巧与案例分析

教育行业一直以来都是灵活性比较强的行业，由于种类多、范围广，所以各种小学和中学的教育机构蓬勃发展起来。不少教育机构选择通过微信公众号运营来提高知名度，扩大自己的影响力。那么在公众号运营过程中需要注意哪些方面呢？

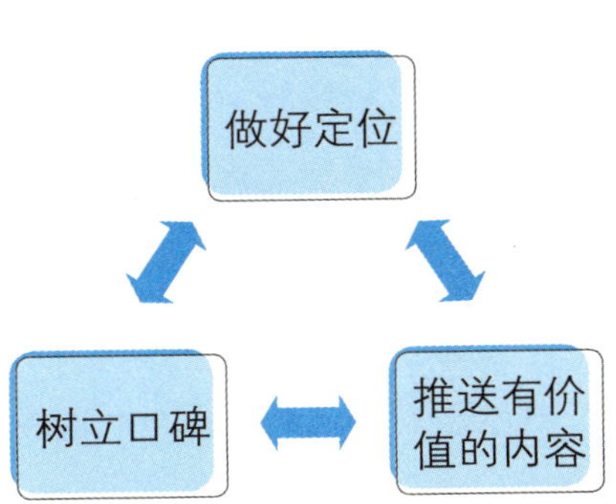

做好定位

正如前面所讲，教育机构的范围比较广泛，所以一定要做好定位，明确自己的教育类型及受众人群，这样才能有针对性地进行公众号推广。

推送有价值的内容

教育行业对信息的需求极为强烈，所以用户在选择教育机构时也会着重参考一些信息因素。在公众号运营过程中，教育行业要注重信息的价值性，将本机构的教育特色、所取得的成绩及师资力量展现给用户，这样更容易让用户产生信任感，对公众号的推广也有促进作用。

树立口碑

除了推送有价值的信息内容之外，公众号运营者还可以做好线下营销，可以派发二维码宣传单，也可以鼓励现有学员加微信公众号了解更多资讯，通过现有学员的口碑相传来达到推广的目的。

华图教育的价值信息推广

华图教育机构不仅涉及图书策划和网络教学，同时还设有面授培训课程。为了扩大影响力，更好地服务客户，华图教育鼓励学员关注其公众号，在该公众号上，用户不仅可以获得最新的考试资讯，同时还能针对自己的问题与后台进行互动。此外，用户还可以在这里找到有关备考资料、方式和讲座的相关资料等，这些极具价值的内容为华图教育公众号树立了良好的口碑。

华图教育之所以备受用户青睐，与其明晰的定位和极具价值的内容咨询息息相关。教育行业只有从用户的需求出发，打造相关的产品和服务，才能真正受到用户的信赖，建立起良好的口碑。

5.10 医疗行业公众号成功吸粉技巧与案例分析

健康是所有人都关注的话题，因此各大医院和医疗机构数不胜数。那么这么多的医疗行业又该如何利用公众号推广来提升自己的竞争力呢？

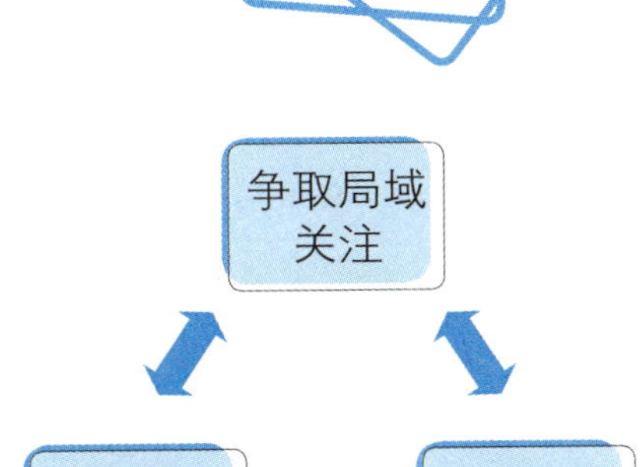

争取局域关注

对于医疗行业来讲，服务是至关重要的，所以首先要在局域范围内发展自己的忠实客户，通过地理优势来搜集周围民众的服务需求，以此来赢得他们的信任和关注。

提供完善服务

对于医疗行业来讲，大众最需要也最常见的服务方向包括预约挂号、专家在线咨询、医院信息查询和化验单查询等，所以公众号运营要针对这些服务来设置相关菜单或导航查询，不仅可以节省自己和用户的时间，对公众号推广也起着至关重要的作用。

创建客户管理系统

创建客户管理系统有助于运营者对不同的客户进行针对性管理，医疗行业可以利用公众号后台数据将用户归类，为每一位用户建立私人档案。由于该行业的用户以患者居多，所以高效的用户管理系统有助于针对每一位患者做好一对一服务，这样无论是对公众号本身还是医院的未来发展来说，都具有至关重要的意义。

佳美口腔的多功能服务公众号

作为一家口腔医疗机构，佳美口腔的公众号定位十分明确，其以服务客户为宗旨，只要用户关注该公众号，就可以享受多功能服务，包括在线咨询、专家挂号和预约医师等。除此之外，关注用户还可以参与该机构的各项优惠活动，同时与专家分享自己的感受，接受相关访谈等。佳美口腔的这些多功能便民服务不仅拉近了该机构与用户之间的距离，同时也获得了良好的口碑。对于中小型医疗机构来说，做好定位和服务，定期与用户进行互动是公众号推广的有效方法，如果是连锁性医疗机构，则不妨设立门店导航及附近门店推荐，不仅可以提高医疗机构的曝光度，同时也方便了用户，提升了用户消费体验。

5.11

校园类公众号成功吸粉技巧与案例分析

校园类公众号面向的大部分都是学生，学生更容易接受新鲜事物，因此校园类公众号极具价值潜力。那么如何探索校园商业模式，做好校园类公众号的推广呢？

认清目标用户	选择目标定位
做好基础设置	选好服务功能

认清目标用户

校园公众号目标用户有以下几种：

◆在校生：基数较大，需求面广，是主要用户。其中的新生属于用户来源入口，容易产生信任，同时也需要指点帮助，属于新用户。

◆毕业生：只占部分人数，包括怀旧、想了解母校信息的人和有钱、喜欢校园纪念品的人，属于潜在用户。

选择目标定位

目标定位可以是提供信息和服务，也可以是做社交平台等。

做好基础设置

基础设置包括头像和功能介绍，前面的章节我们已经介绍过，这里就不再赘述了。

选好服务功能

校园类公众号的基本功能包括：校园导航、维权吐槽、图书查询、课表查询、成绩查询、校花校草、表白墙和小游戏等。

校园类公众号的拓展功能包括：电台广播、二手买卖、外卖服务及学校周围的店铺优惠等。

“中大 D in”（公众账号：sysuD in）微信公众号

“中大 D in”自称为“爱生活，爱妹子，一群临时工的胡言乱语”的微信账号，自开通以后的三周时间内就积攒了 5000 用户。这个公众号既没有二维码也没有较为实用的生活服务资讯，最让人咋舌的是没有普通校园公众号均有的查成绩、查图书等功能，但就是这样一个奇特的公众号却得到了比其他热门服务类公众号还高的关注度。原因究竟何在？首先，中大 D in 公众号认清了自己的目标用户，那就是喜欢有趣好玩内容的在校生，针对这一点，该公众号常常推出有关校园各种问题的吐槽，包括热水问题和网络问题等。作为一款信息服务平台，中大 D in 坚持每天为大家推送 1~2 条图文信息，这些信息均以校园热点讨论为主，正如前面所讲，其在

服务功能选择上也是别出心裁，以维权吐槽为主，既道出了学生的心声，又致力于维护学生的权益，因此受到了广大用户的喜爱。